Patricia Aden

Autogenes Training mit Kinder und Jugendlichen

HERDER / SPEKTRUM

Band 4512

Das Buch

Autogenes Training hilft Kindern und Jugendlichen bei psychosomatischen Krankheiten oder allgemeinen Wachstumsstörungen, bei häuslichem oder schulischem Streß, bei organischen Störungen wie Asthma, Allergien (Heuschnupfen), Neurodermitis, Kopfschmerzen, funktionellen Bauchschmerzen oder Schlafstörungen, aber auch bei verhaltensbedingten Problemen wie zum Beispiel Hyperaktivität, Stottern, Bettnässen oder Konzentrationsstörungen. Das Anwendungsgebiet des AT ist umfassend. Die Autorin ermutigt Eltern und ErzieherInnen, sich dieses hilfreichen Instrumentes zu bedienen. Sie erfahren alles wichtige über die Funktionsweise des AT, über die Technik, wie man AT erlernen kann und insbesonderer über die Umweltbedingungen, die Voraussetzung für wirksames Üben der Kinder im familiären Umfeld sind. Der beste Kurs in AT kann nicht wirksam sein, wenn die Eltern nicht mithelfen, zu Hause entsprechende Möglichkeiten und Bedingungen zu schaffen, daß Kinder gerne und leicht das Gelernte in die alltägliche Praxis umsetzen können. Die Autorin stellt die Methode zugleich in einen erweiterten pädagogischen Rahmen und veranschaulicht die Bedeutung des Autogenen Trainings für den gesamten Erziehungsprozeß.

Die Autorin

Dr. med. *Patricia Aden,* geboren 1950 in Flensburg, arbeitet als ärztliche Fachlehrerin in Essen und hat fünf Kinder. Sie führt seit vielen Jahren Kurse in Autogenem Training durch, insbesondere für Kinder und Jugendliche.

Patricia Aden

Autogenes Training mit Kindern und Jugendlichen

Ein praktischer Leitfaden für Eltern und Erziehende

Herder

Freiburg · Basel · Wien

Lizenzausgabe mit freundlicher Genehmigung des
Daedalus Verlags Joachim Herbst

Veröffentlicht als Herder Taschenbuch, Freiburg 1996
Herstellung: Freiburger Graphische Betriebe 1996
Umschlaggestaltung: Joseph Pölzelbauer
Umschlagmotiv: © by Arnold Brunner
ISBN 3-451-04512-5

Inhalt

Einleitung

Im Verlauf eines Kurses für autogenes Training ergibt sich eine Reihe von Fragen, nicht nur für die Kinder und Jugendlichen selbst, sondern auch für die Mütter und Väter, die sie begleiten. Die Eltern beherrschen in den meisten Fällen die Methode noch nicht, möchten ihr Kind aber beim Üben unterstützen. Deshalb ist es für sie wichtig, sich aus erster Hand informieren zu können.

Häufig reicht eine kurze Darstellung nicht aus, da sie zu wenig den gedanklichen Zusammenhang des autogenen Trainings und seine Absichten berücksichtigt. Wie in anderen Bereichen des Lebens auch, lassen sich formale und inhaltliche Aspekte nicht voneinander trennen.

So betreffen viele Fragen den Zeitpunkt und die Dauer des häuslichen Übens, die Sitzhaltung oder eventuelle Nebenwirkungen. Diese Fragen lassen sich mit Hilfe einer Art von »Gebrauchsanweisung«, als die sich dieses Buch auch versteht, beantworten.

Aber schon die Frage nach dem Üben mit Videokassette führt zu den Grundlagen der Methode. Um einzusehen, daß es dem Anliegen des autogenen Trainings im Innersten zuwiderläuft, sich passiv berieseln zu lassen, muß man etwas über das Wesen und die Entstehung dieser Methode erfahren. Eine andere, häufig geäußerte Frage betrifft das gemeinsame Üben eines Elternteils mit dem Kind. Auch hier kann man sich mit dem einschränkenden Hinweis begnügen, daß »autogen« soviel wie selbsttätig – also ohne fremde Hilfe – bedeutet. Die Frage wird aber in ein ganz anderes Licht gerückt, wenn man die Rolle der Mutter / Kind-Beziehung bei der Entstehung psychosomatischer Krankheiten bei Kindern und Jugendlichen betrachtet.

Im Anmeldungsgespräch vor Beginn des Kurses ist vorrangig zu klären, ob das autogene Training bei den jeweiligen Beschwerden des Kindes indiziert ist. Dies legt nahe, sich hier mit dem Begriff der psychosomatischen Krankheit allgemein und mit einigen Krankheitsbildern speziell auseinanderzusetzen. In diesem Zusammenhang ist es auch wichtig, die Grenzen des autogenen Trainings deutlich zu machen.

Viele Menschen sind heute zunehmend bereit, anderen als den traditionellen Methoden der Medizin Vertrauen zu schenken. Die Hoffnung auf eine erfolgreiche Therapie wird jedoch meist enttäuscht, wenn man gesichertes medizinisches Wissen außer acht lassen will. Es soll daher ausdrücklich darauf hingewiesen werden, daß das autogene Training nicht außerhalb unseres gegenwärtigen wissenschaftlichen Denkens steht. Die Art des

Vorgehens beruht zwar auf einem neuen Ansatz, die Wirkungen lassen sich aber mit unseren Kenntnissen über die Funktion des menschlichen Körpers gut erklären.

Eine weitere grundlegende Frage gerade bei der Arbeit mit Kindern wird von den Eltern überraschenderweise häufig nicht gestellt. Das Bindeglied zwischen Ursachen von Störungen und ihrer Äußerung als Krankheit oder Verhaltensstörung ist der Streß.

Das autogene Training ist ein Weg zur Streßbewältigung. Die entscheidende Frage ist daher, wie sich Streß im Leben eines Kindes oder Jugendlichen vermeiden bzw. mindern läßt. Da die kindliche Umwelt wesentlich durch Familie und Schule geprägt ist, sind Eltern, Lehrer und Erzieher an dieser Stelle aufgefordert weiterzudenken. Ähnlich wie in der Medizin, wo die meisten Anstrengungen auf die Therapie gerichtet sind und der Gedanke der Vorbeugung sich nur langsam durchsetzt, sind unsere pädagogischen Bemühungen allzu oft nur eine Reaktion auf Fehlverhalten. Besser wäre es, die Grundlagen für eine gesunde und weitgehend streßfreie kindliche Entwicklung zu schaffen, bevor Fehlentwicklungen auftreten.

So mag es zunächst vielleicht erstaunen, daß neben dem Anleitungsteil (der nicht zur Selbstanleitung gedacht ist, sondern den autogenen Trainingskurs begleiten und verständlich machen soll) eine Reihe von übergreifenden Aspekten angesprochen wird. Die Einbettung in einen größeren geistigen Zusammenhang möge den Leserinnen und Lesern das Verständnis erleichtern und zu eigenem Nachdenken anregen. Das autogene Training kann so zu einer Hilfe werden, die einen Menschen das ganze Leben begleitet.

Es sei schließlich noch darauf hingewiesen, daß im vorliegenden Buch meist nur vom »autogenen Training mit Kindern« die Rede ist. Soweit nicht anders erwähnt, sind damit auch immer »die Jugendlichen« angesprochen. Diese Verkürzung geschieht in der Absicht, die Lesbarkeit des Textes zu fördern.

I.

Das autogene Training

1. Kinder und das autogene Training

Seit über 50 Jahren ist das autogene Training als Methode der Selbstentspannung und der Streßbewältigung bekannt. Die Methode wurde erstmals von J. H. Schultz[1], einem seinerzeit sehr bekannten Nervenarzt in Berlin, in seinem 1932 erschienenen Buch »Das autogene Training« beschrieben. Dieses Buch ist in fast alle wichtigen Sprachen der Welt übersetzt worden und hat nachhaltigen Einfluß ausgeübt. Schultz gibt in seinem Werk eine genaue Beschreibung der Methode des autogenen Trainings. Er stellt die Anwendungsmöglichkeiten dar und gibt eine wissenschaftlich begründete Theorie der Wirkung des autogenen Trainings. Vor allem greift er auf einen großen Schatz an Erfahrung zurück, den er mit seinen Übungsteilnehmern aus bürgerlichen Kreisen in Berlin, darunter vielen Ärzten, hatte sammeln können.

Die Ziele des autogenen Trainings – dieses Kunstwort aus dem Griechischen bedeutet soviel wie Eigenübung oder selbsttätiges Üben – beschrieb Schultz in folgenden sieben Punkten:[2]

1. Erholung
2. Selbstruhigstellung (womit Schultz den Vorgang der ohne äußere Hilfsmittel bewirkten Entspannung meint)
3. Selbstregulierung sonst unwillkürlicher Körperfunktionen, z. B. des Blutkreislaufes
4. Leistungssteigerung, z. B. des Gedächtnisses
5. Schmerzabstellung
6. Selbstbestimmung durch Versenkung, die durch formelhafte Vorsätze erreicht wird
7. Selbstkritik und Selbstkontrolle durch Innenschau in dieser Versenkung

Obwohl diese Ziele für eine große Zahl von Menschen erstrebenswert sind und die von Schultz beschriebene Methode einen überaus einfachen Weg zeigt, um diese Ziele zu erreichen, dauerte es verhältnismäßig lange, bis sich das autogene Training nicht nur in Deutschland, sondern auch darüber hinaus durchsetzte. Dieses mochte auch mit der teilweisen Isolierung Deutschlands während der Herrschaftszeit des Nationalsozialismus und der Kriegs- und Nachkriegszeit zusammenhängen. Erst nach dem Kriege wurde das autogene Training, zuerst in Deutschland, dann aber zunehmend auch in anderen Ländern in der Therapie eingesetzt.

Heute ist es eine etablierte, in ihrer Wirksamkeit vielfach belegte und theoretisch gut fundierte Methode.[3]

Das zeigt sich etwa daran, daß das autogene Training von Ärzten verschiedener Fachrichtungen verschrieben wird und auch – jedenfalls in der Regel – von den gesetzlichen Krankenkassen als erstattungspflichtige Heilbehandlung angesehen wird.

In Teilbereichen ist autogenes Training gleichsam zu einer Mode geworden, so daß durchaus Veranlassung besteht, vor einer Überschätzung dieser Methode zu warnen und davor, daß sie zuweilen von Personen angeboten wird, denen das nötige Fachwissen fehlt.[4] Es kommt dann leicht dazu, daß das autogene Training als eine rein formale Übung angeeignet wird, wodurch die eigentlichen therapeutischen Möglichkeiten dieser breit anwendbaren Behandlungsart verfehlt werden.

Das autogene Training hat heute Eingang gefunden nicht nur in Sanatorien, sondern ebenso in ärztliche und psychologische Praxen. Auch in Volkshochschulen und Familienbildungsstätten, an Urlaubsorten und im kirchlichen Bereich wird das autogene Training angeboten. Die Nachfrage vieler Menschen, die von der Wirkung des autogenen Trainings über Dritte gehört oder gelesen haben, macht darüber hinaus deutlich, daß breite Bevölkerungskreise ein Bedürfnis nach dieser psychosomatischen Therapie spüren. Diese breite Akzeptanz zeigt zudem die Bereitschaft immer größerer Kreise, sich auf das autogene Training einzulassen.

In dem Maße, wie das autogene Training breite Anwendung fand, wurde seine Wirkung bei verschiedenen Personengruppen erprobt. So setzte man das autogene Training bei alten Menschen ein, bei Suchtkranken, bei

Managern, bei Rauchern und Infarktgefährdeten und vielen anderen. Während der Stil eines Kurses den Übungsteilnehmern und dem angestrebten Ziel angepaßt werden kann, bleibt der eigentliche Inhalt, nämlich eine Abfolge aus sechs Körperübungen und einem formelhaften Vorsatz, immer derselbe.

Eine Anwendergruppe, die erst spät entdeckt wurde, sind die Kinder. [5] Zwar hatte bereits Schultz angeregt, auch Kinder und Jugendliche in das autogene Training einzubeziehen [6], aber auch hier bedurfte es längerer Zeit, bis ein im Grunde einfacher Gedanke verwirklicht wurde. 1975 veröffentlichte Biermann sein Buch »Autogenes Training mit Kindern und Jugendlichen«. Der Verfasser, ein Schüler von Schultz, beschreibt darin seine 20jährige Erfahrung mit der Anwendung von autogenem Training bei Kindern. Seine Veröffentlichung bereitete den Weg für eine größere Bekanntheit des autogenen Trainings unter Kinderärzten, Erziehern und Eltern.

Dennoch wird auch heute noch zu wenig zur Kenntnis genommen, welche pädagogischen und therapeutischen Möglichkeiten das autogene Training für Kinder bietet. Aufgrund der kleinen Zahl der Therapieangebote können noch zu wenig Erfahrungen gemacht und weitergegeben werden. Immerhin wurde die Wirksamkeit des autogenen Trainings allgemein wie auch speziell bei psychosomatisch gestörten Kindern in kontrollierten Studien nachgewiesen. [7] Die Anwendungsmöglichkeiten des autogenen Trainings bei Kindern sollen in den folgenden Kapiteln ausführlich dargestellt werden.

Schultz bezeichnet zwei wichtige Zielsetzungen, nämlich Lebenssteigerung und Fehlerbeseitigung. Das bedeutet, daß Gesunde wie Kranke das autogene Training gleichermaßen mit Gewinn betreiben können. Lebenssteigerung bei Kindern kann bedeuten, mehr Mut, mehr Selbständigkeit, ein besseres Gedächtnis oder eine größere sportliche Leistungsfähigkeit zu gewinnen. Die Fehlerbeseitigung kann sowohl körperliche Störungen, wie Migräne oder Asthma, als auch Störungen im Verhalten, wie das Stottern oder die Bewegungsunruhe betreffen.

Im letzten Teil des Buches findet sich eine Darstellung der Indikationen für das autogene Training. Eine solche Liste kann aber niemals vollständig sein, denn es liegt auch an der Phantasie und der Einstellung des Anwenders, wann ihm das autogene Training nützlich sein kann. Darum ist es zunächst einmal wichtig, den Grundgedanken des autogenen Trainings zu verstehen. Denn aus einem allgemeinen Verständnis heraus ist es auch einem Laien möglich, neue Situationen zu entdekken, in denen er das autogene Training anwenden kann, andererseits aber auch die Grenzen der Methode zu erkennen.

Nun kann man gegen die Anwendung des autogenen Trainings bei Kindern auch Einwände erheben. Zu Recht wird gefragt, ob der Einsatz einer psychotherapeutischen Methode bei Kindern schon angebracht sei, da sie die Unbefangenheit von Kindern störe und erst Probleme hervorrufe, die dann mit dieser Methode behandelt werden. Gegen dieses Argument spricht zunächst die große Zahl von gestörten Kindern, deren Eltern in der Praxis des Kinderarztes und des Kinderpsychiaters sowie in Beratungsstellen Rat suchen. Aber auch sonst sind die Einwände nicht überzeugend. Denn wenn das autogene Training für Erwachsene sinnvoll ist, so für Kinder erst recht.

Beim Erwachsenen erkennen wir oft, daß seine Störung aus Fehlverhalten oder Fehlfunktionen resultiert, die oft auf bereits im Kindesalter angelegte Gründe zurückgehen und eigentlich nicht mehr an der Wurzel behoben werden können. Beim Kind ist es vielfach noch möglich, die Störung zum Zeitpunkt des Entstehens zu erkennen und zu behandeln. So kann eine Entwicklung vermieden werden, wie wir sie z. B. bei hyperaktiven Kindern kennen, die wegen ihrer Unruhe schlechte Schulleistungen erbringen, in eine Außenseiterrolle gedrängt werden und schließlich in eine für sie selbst schwierige und gefährliche Situation geraten. Auch bei vielen psychosomatischen Krankheiten entsteht eine solche Spirale, wobei eine Störung die nächste hervorruft mit der Tendenz zur Verschlimmerung oder zumindest zur Verfestigung. Gelingt es, früh einzugreifen, so kann man die Bildung eines *Circulus vitiosus* vermeiden und das Problem eingrenzen.

Aber auch dann, wenn das autogene Training nicht zur Fehlerbeseitigung eingesetzt wird, sondern helfen soll, das Kind zu stabilisieren und zu fördern, ist es sinnvoll, früh damit zu beginnen. Denn alle Gewohnheiten, die für das Kind von bleibender Bedeutung sein sollen, versucht man ihm früh zu vermitteln. Das gilt sowohl für hygienische Maßnahmen wie das Zähneputzen, als auch für bestimmte Grundeinstellungen wie Ehrlichkeit oder die Achtung vor anderen Menschen.[8]

Das autogene Training läßt sich insofern mit einer hygienischen Maßnahme vergleichen, als es regelmäßig täglich zu bestimmten Zeiten ausgeübt werden sollte. Es läßt sich aber auch mit den zitierten Grundeinstellungen in Zusammenhang bringen. Denn das autogene Training führt zu einer Haltung der Ruhe, Gelassenheit und Selbstdisziplin. Je früher in seinem Leben ein Mensch diese Haltung einnimmt, desto einfacher wird er es haben.

Damit das autogene Training aber, gerade wenn es von Kindern angewendet wird, nicht als eine Spielerei, sondern ernsthaft betrieben wird, müssen zwei Bedingungen erfüllt sein:

1. Bevor das autogene Training wegen irgendwelcher Störungen, zur Beseitigung von Schmerzen oder bei auffälligem Verhalten angewendet wird, sollte eine ärztliche Diagnose vorliegen. Denn, wie später bei den Anwendungsmöglichkeiten zu besprechen sein wird, kann ein und dieselbe Störung aus ganz verschiedenen Ursachen auftreten. Das sehr häufige Symptom »Kopfschmerz« zum Beispiel kann bei Infektionskrankheiten, bei chronischen Nierenkrankheiten, bei Diabetes und Sehfehlern auftreten. Es kann sich auch um eine sogenannte funktionelle Störung handeln. Nur im letzten der aufgezählten Fälle ist die Behandlung mit autogenem Training

sinnvoll. In allen anderen Fällen wäre es ein schweres Versäumnis, nicht zuerst die Grundkrankheit zu behandeln.

Ähnliches trifft für das Symptom »Konzentrationsstörung« zu, das einen häufigen Grund für die Anwendung des autogenen Trainings bei Kindern darstellt. Auch hier müssen zuvor Ursachen, die einer gezielten medizinischen Behandlung bedürfen, ausgeschlossen werden. Daher ist es in jedem Fall ratsam, vorher den Kinderarzt aufzusuchen.

2. Störungen, die mit Hilfe des autogenen Trainings behandelt werden, sind in irgendeiner Weise durch Streß entstanden oder mitverursacht. Wenn es auch nicht immer möglich ist, im nachhinein zu ermitteln, welche Einflüsse auf ein Kind gewirkt haben, so sollte man doch stets die gegenwärtige Situation des Kindes auf Streßfaktoren hin überprüfen. Streß ist keine isolierte Größe, die wie ein mechanischer Faktor (etwa ein Schlag vors Schienbein) auf einen Menschen einwirkt. Streß entsteht in einem menschlichen Beziehungsgeflecht, d.h. in der Familie, in der Schule und in allen anderen Bereichen, in die das Leben des Kindes hineinverwoben ist. Das Kind ist ja häufig nur Symptomträger für den Druck und die Spannungen, die innerhalb einer Gemeinschaft entstehen; Unruhe und Aggressivität des Kindes sind oft nur Spiegelbild der häuslichen Situation. Deshalb sollten die Eltern ihr Kind nicht mit dem autogenen Training allein lassen.

Aber die Hilfe der Eltern darf auch nicht so aussehen, daß sie die Übungen mit dem Kind gemeinsam machen, sondern sie sollten das Umfeld des Kindes so gestalten, daß das autogene Training auch wirken kann. Die Veränderung der Umgebung beginnt mit dem Nachdenken. Erfahrungsgemäß findet sich immer ein Ansatzpunkt, und meistens ergeben sich mehr Möglichkeiten, als man im ersten Augenblick glaubt.

Sind beide Voraussetzungen gegeben, nämlich die Abklärung aller Störungen durch den Kinderarzt und die geistig-seelische Begleitung durch die Eltern, so ist das autogene Training für Kinder eine seriöse, einfache und oft genug eine geradezu erstaunlich erfolgreiche Methode.

2. Die Entwicklung des autogenen Trainings aus der Hypnose

Um die Wirkung des autogenen Trainings zu verstehen, muß man in der Geschichte einen Schritt zurückgehen und sich mit einer Methode befassen, die heute fast vergessen scheint, nämlich mit der Hypnose. Die Hypnose ist noch heute mit der Aura des Magischen umgeben, obwohl sie seit etwa Mitte des vorigen Jahrhunderts wissenschaftlich erforscht und therapeutisch eingesetzt wurde. Charcot[9] und Freud[10] erzielten mit der Hypnose große Erfolge.

Die Vorgänge bei einer Hypnose kann man sich etwa folgendermaßen vorstellen: Der Patient begibt sich in eine bequeme Körperhaltung, die er während der ganzen Sitzung beibehält. Durch eine besondere Technik der Einleitung, z. B. durch die Fixation, also die Ausrichtung der Augen auf einen Punkt, oder durch gleichförmige beruhigende Worte, gerät der zu Hypnotisierende in einen schlafartigen Versenkungszustand. Dabei sind für den äußeren Betrachter, aber auch für den Hypnotisierten selbst, verschiedene typische Veränderungen zu beobachten: Die Wahrnehmung der Außenwelt wird eingeengt, so daß viele Vorgänge von außen nicht mehr registriert werden. Die Körpermotorik verändert sich in dem Sinne, daß eine sonst unbequeme Haltung über längere Zeit ertragen werden kann. Die Sinneswahrnehmungen werden beeinflußt, die Schmerzempfindung kann ganz aufgehoben sein. Die Funktion vegetativer Organe ist nach den Maßgaben des Hypnotiseurs veränderbar. So ist es möglich, Herz, Atmung und Verdauung zu mehr oder weniger Tätigkeit anzuregen.

Allgemein ist der Hypnotisierte sehr beeinflußbar. Er kann in Stimmungen oder Vorstellungen versetzt werden, die ihm von außen eingegeben werden. Aufträge, die in der Hypnose empfangen werden, sucht der Hypnotisierte später, im Wachzustand, auszuführen. Dabei kann er sich nicht an das Geschehen während der Hypnose oder an den Auftrag erinnern. Wird dem Hypnotisierten z. B. in der Versenkung suggeriert, daß eine bestimmte Speise ungenießbar sei, so wird er diese später, im Wachzustand, ablehnen. Er weiß dabei nicht, daß er dem sogenannten posthypnotischen Auftrag folgt, sondern glaubt, die Ablehnung entspränge seinen eigenen jetzigen Gefühlen.

Die medizinische Bedeutung der Hypnose liegt darin, daß unbewußte Schichten des Menschen der Beeinflussung zugänglich werden. Da eine Reihe von Störungen auf unbewußt gewordene (laut Freud: verdrängte) seelische Vorgänge zurückzuführen sind, bot die Hypnose erstmalig die Möglichkeit, diese ursächlich zu behandeln. Die Hypnose wird noch heute angewendet.

Die Hypnose entwickelte sich in verschiedene Richtungen weiter. Eine davon ist die Psychoanalyse. Mit Hilfe dieser Methode wird das Material des Unterbewußten wieder bewußt gemacht, und es kann – wie ein schmerzhafter Holzsplitter wieder aus der darüber gewachsenen Haut hervorgezogen wird – die Quelle der seelischen Fehlentwicklung unmittelbar, also an der Ursache, beseitigt oder behandelt werden.

Eine andere Weiterentwicklung der Hypnose führt zum autogenen Training. Das autogene Training ist eine Abwandlung, in gewisser Weise auch die Umkehr der Hypnose. Den Anstoß für diese Weiterentwicklung gab eine Beobachtung, die hypnotisierte Personen an sich selber machten: Beim Eintreten in den schlafartigen Zustand hatten sie ein strömendes Wärmegefühl und die Empfindung, daß ihre Glieder schwer würden. Allgemein entstand ein wohliges Gefühl von Wärme und Geborgenheit.

Diese Erscheinungen, die eigentlich nur Begleiterscheinungen waren, nutzte Schultz, um einen vom Übenden selbst gesteuerten Einstieg in die Versenkung zu ermöglichen. Im Gegensatz dazu muß bei der Hypnose die Einleitung immer durch eine fremde Person erfolgen. Wie schon erwähnt, können dabei unterschiedliche Techniken angewendet werden, die über verschiedene Sinneseindrücke in die Versenkung führen. Nur mit Hilfe dieser von außen kommenden Maßnahmen kann ein Patient hypnotisiert werden.

Wenn man sich aber ohne fremde Hilfe lediglich auf die Begleiterscheinungen der Hypnose wie allgemeine Ruhe, Wärme und Muskelschwere konzentriert, ist es ebenfalls möglich, in einen hypnoseähnlichen Entspannungszustand zu kommen. Aus der Fremdhypnose ist dann die Selbsthypnose (Autohypnose) geworden.

Mit der Selbsthypnose kann man grundsätzlich dieselben Ergebnisse erreichen wie mit der Fremdhypnose. Es gelten für die Selbsthypnose auch dieselben Einschränkungen wie für die Fremdhypnose. So kann man mit Hypnose grundsätzlich nur das erreichen, was auch realistisch ist. Daher wird weder mit der einen noch mit der anderen Methode ein Mensch je in der Lage sein zu fliegen. Wohl aber ist es möglich, sowohl mit der Fremd- als auch mit der Selbsthypnose die körperliche und geistig-seelische Leistungsfähigkeit erheblich zu vergrößern. Eine weitere Bedingung gilt für die Fremdhypnose wie für die Selbsthypnose: In der Versenkung gegebene Aufträge können nur insoweit verwirklicht werden, als sie von dem Hypnotisierten auch gewollt und mitgetragen werden.

Oktoberfest

mit den Schellack Oldies

Do., 27. Sept. 2018
15.00 - 17.00 Uhr

im Haus der Begegnung
Marktplatz 2

Schwungvoll in den Oktober tanzen!

Tanzbare Musik im Gepäck, gute Laune
und flotte Sprüche:

Kurt Grimm und Wolfgang Riemann sorgen
auf bewährte Weise für Stimmung.
Mit dazu gibt's Kaffee, Kuchen und
Weißwürstchen vom Bistroteam
Eintritt frei

Eine Kooperation von:

Seniorenbüro Bad Vilbel
Der Spaziergang beginnt!

HAUS DER BEGEGNUNG

Seniorenbüro der Stadt Bad Vilbel & Förderverein Haus der Begegnung e.V.

Hypnose und autogenes Training sind mithin zwei verschiedene Ausprägungen eines allgemeineren Prinzips, dem der Suggestion.

3. Autogenes Training als suggestive Methode

Unter Suggestion versteht man die Einschleusung eines Gedankens, Gefühls oder einer Wahrnehmung in das Unterbewußte, ohne daß sich die betreffende Person dieses Vorganges bewußt wird. Die Suggestion wirkt über das Gefühl und ist um so stärker, je mehr die suggerierte Botschaft emotional gefärbt ist. Das Mittel, über welches die Suggestion den Menschen erreicht, ist das Wort des Übungsleiters oder des Übenden an sich selbst. Angesichts der Überfülle von Wörtern, oft leeren Floskeln und Phrasen, die auf den modernen Menschen einstürmen, fällt es schwer, die suggestive, an die Seele rührende Kraft des Wortes zu verstehen.

Freud stellte bereits fest: »Der Laie wird es wohl schwer begreiflich finden, daß krankhafte Störungen des Leibes und der Seele durch ›bloße‹ Worte des Arztes beseitigt werden sollen. Er wird meinen, man mute ihm zu, an Zauberei zu glauben. Er hat damit nicht so Unrecht; die Worte unserer täglichen Reden sind nichts anderes als abgeblaßter Zauber.«[7] Der Übende und der Übungsleiter müssen daher eine nicht alltägliche Form des Wortgebrauches finden (siehe unten Kapitel I,9).

Das autogene Training arbeitet wie die Hypnose mit der Suggestion. In beiden Fällen wird eine Situation geschaffen, in der die Wahrnehmungsfähigkeit eingeengt ist. Statt der nüchternen und distanzierten Haltung des Alltags nimmt der Übende eine mehr passive und kindliche Haltung ein, die dazu befähigt, die Dinge auf sich zukommen zu lassen und sich einer Situation hinzugeben.

Diese Tatsache macht es verständlich, warum kritische Erwachsene das autogene Training zuweilen schwer lernen, während Kinder, die in sehr viel stärkerem Maße suggestibel sind, leicht Zugang zu der Methode finden. Sowohl bei der Hypnose als auch beim autogenen Training helfen begleitende Gefühle, die Suggestion wirken zu lassen. In einem Gefühl wohliger Entspanntheit und Zufriedenheit ist der Übende eher bereit, den Inhalt der Suggestionen auf sich wirken zu lassen. Bei der Hypnose wird am Ende ein sogenannter posthypnotischer Auftrag erteilt. Dabei wird dem Hypnotisierten eine Vorstellung mitgegeben, die sich nach Abschluß der Hypnose und unabhängig von ihr realisiert.

Dem posthypnotischen Auftrag entspricht im autogenen Training der Vorsatz. Er wird vorher vom Übenden ausgewählt und bewußt von ihm eingesetzt. Der Vorsatz macht sich dann aber sozusagen vom Übenden selbständig und wirkt über die Situation der Entspannung hinaus weiter.

Suggestionen kennen wir auch aus dem täglichen Leben. So wird in der Werbung zusammen mit angenehmen Empfindungen ein bestimmter Produktname eingeschleust. Auf dem Beipackzettel eines Medikamentes sind die aufgezählten Nebenwirkungen ebenfalls häufig als Suggestion wirksam, allerdings in einem negativen Sinne, da sie zum Auftreten der genannten Symptome führen können.

Der Unterschied zwischen einer suggestiven Therapie und den Suggestionen des Alltags besteht darin, daß die Alltagssuggestionen eher flüchtig und zufällig wirken, während bei der Therapie die Wirkungsweise geplant ist. Suggestionen in Politik und Werbung empfindet man als hinterlistig, weil sie an den rationalen Argumenten vorbei arbeiten. Blaues Meer und Palmen haben ja mit den sachlich beschreibbaren Vorzügen eines Erfrischungsgetränkes überhaupt nichts zu tun, so wenig wie die zur Schau getragene Kinderfreundlichkeit eines Politikers eine Aussage über sein Programm erlaubt.

Beim autogenen Training haben die Suggestionen eine andere Funktion: Der Übende kennt ihre Wirkungsweise und setzt sie bewußt ein. Den Zweck der Suggestionen legt er selbst fest. Er überläßt sich ihnen nur für den Zeitraum der Übung, außerhalb der Übung kann er die Suggestionen und ihre Wirkung kritisch beurteilen. Vor allem dienen die Wirkungen der Autosuggestion keinem von einem anderen gesetzten Zweck. Der Übende soll hinterher weder etwas Besonderes kaufen noch eine bestimmte Partei wählen.

Viele erstaunliche Erfolge durch das autogene Training zeigen, daß es große seelische Energien freisetzt.

Damit drängt sich der Vergleich mit der Energiegewinnung in der Technik auf. Wenn man Energiequellen einfach so nutzt, wie man sie vorfindet, also hin und wieder ein Feuer macht oder sich an der Sonne wärmt, kann man im Einzelfall angenehme Effekte erzielen, nach deren Abklingen aber alles wieder ist wie zuvor.

Erst wenn man eine Energiequelle systematisch erschließt, die Art und Weise und den Zweck der Nutzung festlegt, kann sie Wirkungen entfalten, die das Leben verändern. Im Bereich der Technik ist uns dieser Gedanke selbstverständlich. Er gilt aber auch für den seelischen Bereich. So kann das autogene Training ganz greifbare Wirkungen haben, wenn man es systematisch und auf ein Ziel bezogen betreibt.

4. Die Wirkung des autogenen Trainings

Nachdem die Grundzüge der suggestiven Technik vorgestellt wurden, erhebt sich die Frage, worin nun die eigentliche Wirkung des autogenen Trainings besteht. Die Antwort ist in zweierlei Weise möglich.

Zunächst kann man die Wirkung des autogenen Trainings als Ganzes betrachten. Man kann fragen, welche Erwartungen man an das autogene Training überhaupt stellen kann, wie weit es die psychosomatische Gesamtverfassung eines Menschen verändert oder worin die Möglichkeiten einer Beeinflussung liegen. Mit anderen

Worten: Durch autogenes Training lernt man nicht Klavier spielen. Die Frage kann aber sein, ob und in welcher Weise es auf jemanden, der bereits Klavier spielen kann, wirkt, um unverkrampft und locker ein Stück vorzuspielen.

Neben dieser generellen Frage nach den Möglichkeiten des autogenen Trainings muß man sich auch darüber Gedanken machen, in welcher Weise die einzelnen Übungen auf bestimmte Organe oder Funktionsabläufe wirken. Denn der Anwender erwartet konkrete Wirkungen. Wenn auch mit Vorstellungen gearbeitet wird, so sollen doch die Erfolge nicht eingebildet sein. Eine allgemeine Wirkung beruht aber immer auf vielen einzelnen Wirkungen, die durch Messung oder durch Beobachtung faßbar sind.

Von diesen Detailbeobachtungen wird weiter unten die Rede sein. Als Beispiel für eine besonders gelungene und eindrucksvolle Anwendung des autogenen Trainings soll von einem Unternehmen berichtet werden, bei dem die technische wie die psychologische Vorbereitung in gleicher Weise wichtig waren.

Es handelt sich um die Atlantiküberquerung in einem Serienfaltboot, die H. Lindemann 1957 unternahm. Lindemann hatte sich als Schiffsarzt mit den Sicherheitsvorkehrungen auf Schiffen befaßt und festgestellt, daß diese sehr schlecht waren. Aus der Lektüre über Schiffsunglücke und das Überleben Schiffbrüchiger auf hoher See war er zu der Überzeugung gekommen, »daß mehr Schiffbrüchige aus Panik, Angst und Verzweiflung ums Leben gekommen sind als durch körperliche

Not, daß die Psyche im allgemeinen schneller aufgibt als der Körper.«[12]

Um die Situation eines Schiffbrüchigen im Rettungsboot selber zu erfahren und dabei zur Lösung einiger Probleme beizutragen, überquerte er zunächst den Atlantik in einem Einbaum. Es gelang ihm zwar, heil von Liberia nach Haiti zu kommen, aber im Rückblick erkannte er, daß er die psychischen Probleme dieser Fahrt nicht gemeistert hatte, daß er über das Abenteuer einer solchen Unternehmung hinaus seelisch eigentlich nichts erfahren hatte. Darum plante er eine neue Fahrt, dieses Mal in einem Serienfaltboot, das noch weniger seetüchtig war als ein Einbaum.[13]

Neben der technischen Planung bereitete er sich insbesondere psychisch vor. Er übte sechs Monate lang mit Hilfe des autogenen Trainings bestimmte Vorsätze ein, die seine Ängste und Hemmungen beseitigen und ihm während der Fahrt helfen sollten. Seine Vorsätze lauteten: »Kurs West. Nicht aufgeben. Nimm keine Hilfe an. Ich schaffe es.« Wer sich die Größe eines solchen Faltbootes vergegenwärtigt, muß diese Leistung, die der Bewältigung eines fast dreimonatigen Dauerstresses gleichkommt, für ganz unmöglich halten. Während der 72tägigen Fahrt waren die Formeln für Lindemann eine außerordentlich große Hilfe. Denn in seiner besonderen Situation fehlten die seelischen Hilfen und Orientierungspunkte, die uns das normale Leben bietet.

Aber auch die Hilfen, die er sich selbst gegeben hatte, verloren sich allmählich während der langen Fahrt. So waren die Formeln am Ende die einzigen Strukturen, auf welche sein Seelenleben gleichsam geschrumpft war. Lindemann, später ein angesehener »normaler« Arzt, konnte buchstäblich nichts anderes mehr denken als »Kurs West« und »Nicht aufgeben«. Aufgrund des Schlafentzuges und der Einsamkeit traten z. B. Halluzinationen auf. Die Formel »Kurs West« tauchte aber immer wieder in seinen Halluzinationen auf, so daß er aus seinen Träumereien aufgeweckt und an seine Aufgabe, das Schiff zu steuern, erinnert wurde.

Da er auf dem Boot kaum Platz hatte, sich zu bewegen, bestand die Gefahr von Salzwassergeschwüren auf der Sitzfläche. Mit Hilfe der Wärmeübung verstärkte er die Durchblutung an dieser Stelle, so daß die Geschwüre, die ihn auf der ersten Fahrt mit dem Einbaum geplagt hatten, ausblieben. Auch in schwierigen Situationen – er kenterte zweimal und verlor dabei einen großen Teil des Proviants – gab er den Mut nicht auf und kapitulierte nicht vor den körperlichen Strapazen.

Insgesamt zweimal begegnete er unverhoffterweise einem großen Schiff, das ihm seine Hilfe anbot. Doch obwohl Lindemann sich in keiner guten Verfassung befand, widerstand er aufgrund seines Vorsatzes der Versuchung, Hilfe anzunehmen. Ganz nach dem Muster des posthypnotischen Auftrages hatte sich die Formel in ihm verselbständigt. Als die Besatzung ihn aufforderte, an Bord zu kommen, antwortete »es« in ihm »nein«.[14]

Die Reise Lindemanns, die als Beitrag für die Schifffahrt gedacht war, wurde zu einem Experiment, das die Wirksamkeit des autogenen Trainings unter extremen Bedingungen belegte.[15] Gerade wegen der außergewöhnlichen Situation sind die Erfahrungen wertvoll für normale Menschen, die unter alltäglichen Bedingungen leben. Lindemanns Erfahrungen zeigen, daß Suggestionen zu Leistungen befähigen können, die sonst nicht möglich scheinen.

Suggestionen wirken aber nicht magisch oder wie eine Droge, die man nur einzunehmen braucht. Gerade Kindern gegenüber muß man deutlich machen, daß man mit dem autogenen Training nicht »zaubern« kann. Nur wenn die Vorsätze fest im Inneren verankert sind, können sie eine solch große Wirkung entfalten. Dazu bedarf es eines langen Trainings und intensiver Arbeit an sich selbst.

Die Suggestionen können auch nur dann im Inneren haften, wenn sie von ihrer Zielsetzung her in den Gesamtrahmen der Persönlichkeit passen. Zwar haben Vorstellungen die Tendenz, sich zu verwirklichen, aber das gilt nur innerhalb gewisser körperlicher und seelischer Grenzen. Jeder Mensch kann mehr, als er für möglich hält – wie viele Berichte über Kriegs- und Katastrophenschicksale belegen. Aber auch der intensivste Vorsatz hätte Lindemann z. B. nicht über den dreimal so breiten Pazifik getragen und ihn davor geschützt, ohne ausreichende Vorräte zu verhungern.

Will man die Erfahrungen Lindemanns im weitesten Sinne auslegen, so kann man den Vergleich des menschlichen Lebens mit einer Fahrt über das Meer versuchen.

Auch bei der »Fahrt des Lebens« stellt sich das Problem der Bewältigung einer langen Strecke. Dabei kann es Stürme oder Flauten geben, die das Fortkommen erschweren. Ebenso wie auf dem Meer ist es wichtig, sich auf dem Weg zum Ziel hin zu orientieren. Dabei stellt sich die Frage, wie das Ziel der Fahrt aussehen mag.

Ähnlich wie bei der Atlantiküberquerung kann man über lange Strecken ein Ziel nicht erkennen. Der Körper darf nicht müde werden, und die Seele darf nicht abschweifen, wenn man die Fahrt heil überstehen will. Es fragt sich, ob nicht auch auf dem Meer des Lebens mehr Menschen aus Panik, Angst und Verzweiflung scheitern als aus sachlich zwingenden Gründen.[16]

Das Kind hat seinen Platz in diesem Bild als ein Mensch, der sich noch auf die Reise vorbereitet. Dabei sollte überlegt werden, wie die Eltern und die Gesellschaft ihm dabei helfen. Auch bei Kindern besteht die Gefahr, daß, so wie Lindemann es von seinen ersten Reisevorbereitungen beschreibt, dem materiellen und technischen Rüstzeug mehr Gewicht beigemessen wird als dem seelischen. Darum ist es wichtig, auch diese Seite der Vorbereitung auf das Leben ernstzunehmen. Denn sonst können die seelischen Kräfte eines Kindes zum begrenzenden Faktor für den späteren Lebenserfolg werden.

Wenn Lebewesen reichlich mit allen Nährstoffen versorgt werden und es nur an einer Substanz (z. B. Vitamin D) fehlt, so kann der Mangel an dieser einzigen Substanz das ganze Wachstum hemmen und zu körperlichen Fehlbildungen führen (z. B. Rachitis). Ebenso kann ein Kind, das noch so sehr auf allen Gebieten des Wissens, des Sports und der Musik gefördert wird, sich nicht entfalten, wenn es nicht zugleich gelernt hat, sich seelisch im Gleichgewicht zu halten, Enttäuschungen zu verkraften und sich an den Dingen seines Lebens zu freuen.

5. Der Einfluß des autogenen Trainings auf einzelne Organe und Funktionsabläufe

Die Erfahrungen Lindemanns demonstrieren die Wirkung des autogenen Trainings in einer besonders eindrucksvollen Weise. Er beschreibt die Anwendung des autogenen Trainings in einem Ausnahmezustand und stellt damit die Wirkungsmöglichkeiten für den Extremfall unter Beweis. Unterhalb solcher Extremsituationen bleibt eine Vielzahl von schwierigen Lebenslagen, die der Mensch, auch schon als Kind, meistern muß.

Der Leser möchte das autogene Training in einer vergleichsweise normalen Situation anwenden. Auch dort zeigen viele Fallbeispiele, wie wirksam das autogene Training sein kann. Bereits Schultz berichtet über die Linderung von Schlafbeschwerden, Angstzuständen und Kopfschmerzen bei seinen Patienten. Die Wirkungen des autogenen Trainings grenzen für den Außenstehenden manchmal an Wunder, wenn z. B. ein zwölfjähriger Junge, dem der Magen wegen eines nicht heilenden Geschwüres entfernt werden sollte, nach einer psychotherapeutischen Behandlung unter wesentlicher Mitwirkung des autogenen Trainings geheilt aus der Klinik entlassen werden konnte.[17]

Nicht immer müssen die Beschwerden so drastisch sein, die durch das autogene Training gelindert werden. Eigene Erfahrungen mit Kindern bestätigen, daß migräneartige Kopfschmerzen, Angstträume, asthmatische Beschwerden verschwinden oder deutlich zurückgehen. Eine ausführliche Darstellung findet sich in dem Kapitel »Anwendungsweisen«.

Wenn aber solche Wirkungen, die manchen verwundern mögen, möglich sind, müßten auch Veränderungen auf der Ebene der Organe und einzelner Funktionsabläufe nachweisbar sein. Denn ein so komplexes Ergebnis, wie die Besserung von Schlafstörungen, kann nur durch das Zusammenwirken verschiedener Faktoren erreicht werden. Diese Wirkungen des autogenen Trainings sind auch untersucht worden, zunächst von Schultz, später von seinen Schülern. Um deutlich zu machen, daß es sich beim autogenen Training nicht um eine Wunderwirkung, sondern um einen nachvollziehbaren Vorgang handelt, seien hier einige dieser Untersuchungen kurz dargestellt.

Bei der Schwereübung entspricht dem subjektiven Gefühl des Übenden eine objektiv nachweisbare Entspannung der Skelettmuskulatur. Man kann sich davon überzeugen, wenn man bei einem Übenden den entspannten Arm aufhebt und beobachtet, wie er schwer zum Boden zurückfällt.

Den Erfolg der Wärmeübung kann man mit Hilfe von Temperaturmessung leicht nachweisen: An Händen und Füßen findet man eine Erhöhung der Hauttemperatur um durchschnittlich zwei Grad, während zugleich die Temperatur im Körperinneren um 0,8 Grad sinkt.[18] Darin zeigt sich eine Verlagerung der Durchblutung vom Körperinneren nach außen.

Auch die Wirkung auf Herz und Kreislauf ist meßbar. Der Puls wird während der Übung ruhiger, wie der Übende unschwer selbst feststellen kann, und der Blutdruck sinkt. Der allgemeine Zustand der Ruhe und das Erreichen des Versenkungszustandes läßt sich auch am EEG ablesen. Die Kurven zeigen eine Veränderung gegenüber denen, die im wachen Zustand geschrieben werden. Sie sind den Abgleitungen ähnlich, die man während einer bestimmten Schlafphase, dem REM-Schlaf, erhält. Darüber hinaus werden Wirkungen auf die Nebennierenrindenhormone und auf das blutzukkersenkende Hormon Insulin diskutiert.[19]

Diese Befunde zeigen, daß die Wirkung des autogenen Trainings nicht eingebildet ist, sondern daß es zu ganz realen Veränderungen im Körper kommt. Da diese Wirkungen an vielen Stellen des Körpers zugleich nachzuweisen sind, ist es wahrscheinlich, daß sie Teil einer übergeordneten Wirkung des autogenen Trainings sind.

Wenn man sich anhand der beschriebenen Beispiele klarmacht, daß Suggestionen ganz reale Wirkungen haben, ist es nachzuvollziehen, daß sie auch bei körperlichen Störungen oder in ganz bestimmten Situationen ebenso faßbare Wirkungen hervorbringen können.

6. Die autogene Umschaltung

Die Betrachtung der physiologischen Effekte, die das autogene Training hervorbringt, läßt vermuten, daß es sich um einen sehr umfassenden Vorgang handelt. Schultz hat dafür den Begriff »autogene Umschaltung« geprägt. Im Grunde sagt dieser Ausdruck nichts anderes, als daß man mit Hilfe des autogenen Trainings einen Erholungszustand »einschalten« und nach Beendigung der Übung wieder »ausschalten« kann.

Genauso sicher, wie man mit Hilfe eines Knopfdrucks bei einem technischen Gerät die Zufuhr oder Unterbrechung elektrischer Energie bewirken kann, ruft die Anwendung der Übungsformeln nach entsprechendem Training automatisch den Entspannungszustand hervor. Vergleichbar vielleicht der Situation, wenn in einem Gespräch über ernste Gegenstände die Gesprächspartner bewußt auf ein heiteres Thema »umschalten«: Der Tonfall, auch die Gesprächshaltung der Teilnehmer wird sich rasch ändern, man schlägt die Beine übereinander usw. Daß die Umschaltung ein einheitlicher Vorgang sein muß, ergibt sich auch daraus, daß die Suggestionen ihre Wirkung nur über das Gehirn entfalten können.

Das Gehirn ist aber nicht nur der Sitz des Bewußtseins. Auch unbewußte Vorgänge werden dort gesteuert. Affekte werden registriert und verschiedene Sinneswahrnehmungen aufgenommen. Im Gehirn befinden sich zudem Zentren für die Regulation der vegetativen Organe. Zwar arbeiten Herz und Eingeweide relativ selbständig, doch sind sie über vegetative Nervenfasern mit dem Gehirn verbunden, so daß Meldungen über ihre Tätigkeit dem Gehirn zufließen, und umgekehrt Impulse aus dem Gehirn ihre Tätigkeit beeinflussen können.

Schließlich ist die Hypophyse, also jene Drüse, die die Tätigkeit verschiedener anderer Drüsen steuert, eng mit dem Gehirn verbunden, so daß auch Stoffwechsel- und Hormontätigkeit in dieses Netz gegenseitiger Verflechtungen eingebunden sind.

Bei der autogenen Umschaltung werden alle Organe und alle Funktionsabläufe erreicht. Die oben genannten Beispiele für die reale Wirkung des autogenen Trainings sind also nur einzelne Belege, die das Prinzip deutlich machen. Man kann davon ausgehen, daß Wirkungen auch an allen anderen Organen nachweisbar wären, wenn man sich die Mühe machte, diese zu untersuchen. Das ist wichtig zu wissen, weil uns diese Feststellung ermutigt, bei jeder Störung neu zu überlegen, ob das autogene Training eingesetzt werden kann, und es mit der Übung auch in den Fällen zu versuchen, für die noch keine Erfahrungen vorliegen.

7. Die Resonanzdämpfung der Affekte

Eine weitere Wirkung des autogenen Trainings ist die von Schultz sogenannte »Resonanzdämpfung der Affekte«. Unter einem Affekt versteht man ein kurzes, intensiv erlebtes Gefühl mit körperlichen Begleiterscheinungen. Jeder kennt Affekte wie Wut, Empörung, Angst, aber auch Freude und ihre körperlichen Begleiterscheinungen wie Herzklopfen, Erblassen, Erröten, Tränen oder Schwitzen.

Im Augenblick des Affekts können das Kritikvermögen und die Fähigkeit zur Selbstkontrolle herabgesetzt sein, es kann zu Affekthandlungen kommen.[20] Diese zumeist nicht mehr rationalen Handlungen sind Ausdruck überschießender motorischer Impulse, wie sie sich auch in der Mimik und in begleitenden Gesten äußern können. Herzklopfen, Weinen und Erröten sind Teil einer vegetativen Mitreaktion, also einer gleichzeitigen Veränderung an Blutgefäßen, Drüsen und anderen Organen.

Der Affekt setzt eine Wahrnehmung oder eine Information voraus. Diese Information gelangt zunächst in die Großhirnrinde, also in den Bereich des Gehirns, wo Informationen bewußt aufgenommen und verarbeitet werden. Sie gelangen aber auch in tiefer gelegene Abschnitte des Gehirns, wo sie ohne Kontrolle des Bewußtseins weiterarbeiten können. So kommt es zu körperlichen Reaktionen, die dem betroffenen Menschen oft unangenehm sind.

So wie das ganze Musikinstrument mitschwingt, wenn man eine Saite anreißt, so reagiert der ganze Körper mit, wenn das Bewußtsein »affiziert« wird, also eine Botschaft erhält. Nach Schultz stellen die Affekte »Totalschwankungen des Organismus« dar. Wenn eine Erregung des Gemüts verschiedene Organe als Ausdrucksträger benutzen kann, liegt der Versuch nahe, über eine Beeinflussung der Ausdrucksträger auf die Gemütslage einzuwirken. Eine beschädigte Seelenlage äußert sich häufig auch als Appetitlosigkeit. Gelingt es, diese zu überwinden, ist oft auch der erste Schritt zur Überwindung der Krise überhaupt getan. Auf diese Weise ist es möglich, eine übertriebene Wirkung der Affekte abzuschwächen.

Die Resonanzdämpfung der Affekte ist etwas ganz anderes als der Versuch, die Affekte niederzukämpfen, also »sich zusammenzunehmen«, oder »die Zähne zusammenzubeißen«. Wie es die bildhafte Sprache schon sagt, muß man sich hierbei Gewalt antun und sich verkrampfen. Dabei bleiben aber die begleitenden Wirkungen des Affektes bestehen. Es kommt also trotzdem zum Blutdruckanstieg.

Auch die motorischen Impulse sind nicht etwa verschwunden, wenn man die Affekte unterdrückt. Sie dürfen nur nicht nach außen treten. Man »kocht vor Wut«, wenn man eine Ungerechtigkeit etwa von seiten eines Vorgesetzten ohne Widerspruch hinnehmen muß. Vorhandene Energien müssen aber irgendwie abgeladen werden. Wenn das nicht durch körperliche Aktivitäten geschieht – wie mit dem Fuß aufstampfen oder sich auf den Boden schmeißen –, äußern sie sich als Muskelverspannungen oder als motorische Unruhe.

Die Resonanzdämpfung der Affekte soll erreichen, daß derartige Spannungen gar nicht erst auftreten. Dabei sollen die Affekte nicht völlig verwischt werden, denn sie können in manchen Situationen durchaus nützlich sein, da sie Energien freisetzen, die zur Bewältigung der Lage erforderlich sind. So kann es sein, daß jemand sich über einen Mißerfolg geärgert hat. Wenn der Ärger den Menschen dazu antreibt, die Aufgabe noch einmal und dieses Mal besser auszuführen, so hatte der Affekt eine nützliche Wirkung. Umgekehrt kann ein Affekt, der aus einem erfreulichen Grund auftritt, auch störend sein. Wenn ein Kind sich zu sehr auf einen Ausflug oder ein Geburtstagsfest freut, kann es vorkommen, daß es an dem betreffenden Tag mit Kopfschmerzen oder Erbrechen im Bett liegen muß, anstatt an der Unternehmung teilzunehmen. Die körperliche Mitreaktion war zu stark, das Kind sich hat »überfreut«.

Es geht also darum, diese überschießende Reaktion abzubauen und damit den Affekt in die richtige Bahn zu lenken. So erreicht man einen ökonomischen Umgang mit den körperlichen und seelischen Kräften.

Kinder sind bekanntlich in besonderem Maße ihren Affekten ausgeliefert. Kleinkinder schreien vor Wut, bis sie blau anlaufen, größere Kinder bekommen Bauchschmerzen oder Erbrechen, wenn sie mit etwas nicht einverstanden sind.

So berichtete die Mutter eines vierjährigen Mädchens, daß ihre Tochter sich jedes Mal auf dem Parkplatz vor dem Auto erbrach, wenn sie zum Turnunterricht gebracht werden sollte. Vorher hatte es heftige Szenen gegeben, weil das Kind nicht zum Turnen gehen wollte. Da die Mutter nicht nachgab, zeigte das Kind auf diese Weise, daß es Turnen »zum Kotzen« fand.

In gewisser Weise haben es Kinder einfacher als Erwachsene, mit ihren Affekten fertig zu werden, da es einem Kind eher erlaubt ist, zu schreien, zu toben oder aus Wut etwas zu zerstören. Aber wie das oben erwähnte Beispiel zeigt, ist ein Affektausbruch noch keine Lösung eines Problems.[21] Auch ein Kind muß lernen, mit der Realität Kompromisse zu schließen. Damit dies in der richtigen Weise geschieht, muß ein zu großes Spannungspotential vermieden werden, das sich zum falschen Zeitpunkt oder in die falsche Richtung entlädt.

8. Das Bewußtsein

In den vorangegangenen Kapiteln wurde das autogene Training der Hypnose und dem Schlaf gegenübergestellt. Sowohl beim Schlaf als auch bei der Hypnose (Hypnos, griechisch: Schlaf) und dem autogenen Training ist das Bewußtsein gegenüber dem Wachzustand verändert. Der Mangel an Außenreizen fördert das Eintreten von Schlaf, hypnotischem und autogenem Versenkungszustand, und in jedem dieser Zustände werden Außenreize nicht oder sehr viel weniger wahrgenommen. Das Gemeinsame an diesen drei Zuständen der Bewußtseinseinengung ist, daß die Person sich aus dem Wachzustand gleichsam auf eine Insel verminderten Bewußtseins zurückzieht. Dabei bleibt aber immer eine Brücke erhalten, auf der der Schlafende, Hypnotisierte oder Übende in den Wachzustand zurückkehren kann.

Es handelt sich also um ein kontrolliertes Abschalten,

im Gegensatz etwa zur Bewußtlosigkeit, in der ein Mensch nicht auf Schmerzreize reagiert und nicht erweckbar ist. Schlaf, Hypnose und autogenes Training unterscheiden sich aber im Grad der Bewußtseinseinengung und in der Art, wie sie mit dem Wachzustand verbunden sind.[22]

Der Schlaf ist ein selbsttätiger Vorgang und läuft nach einem eigenen Rhythmus ab. Es wechseln Phasen des Tiefschlafs mit den Traumphasen (REM-Schlaf). Im Traum geschieht so etwas wie selbsttätiges Denken, wobei ohne Kontrolle des Verstandes Erinnerungen und Gedanken zu neuen, den Träumenden oft überraschenden Bildern kombiniert werden. Der Schlafende kann seinen Schlaf nicht beeinflussen und hat hinterher keine Erinnerung an die Vorgänge während des Schlafens. Trotzdem reißt die Verbindung zum wachen Leben während des Schlafes nicht ganz ab. So kann die Schwelle des Weckreizes vom Schlafenden selbst beeinflußt werden. Eine Mutter zum Beispiel schläft bei starkem Verkehrslärm, wacht aber auf, sobald ihr Kind zum Schreien ansetzt. Auch die Schlafdauer ist bis zu einem gewissen Grad beeinflußbar. Denn man kann mit Hilfe seiner »Kopfuhr«[23] zu einem bestimmten Zeitpunkt erwachen. Während des Schlafes kann man keine neuen Inhalte aufnehmen und rational verknüpfen. Wohl aber können Außenreize wahrgenommen und in verfremdeter Form in den Traum eingearbeitet werden.

Auch in der Hypnose ist das Bewußtsein, ähnlich wie im Schlaf, weit vom Wachzustand entrückt. Ebenso wie beim Schlaf hat der Hypnotisierte hinterher keine

Erinnerung mehr an das Geschehen während der Versenkung. Daß die Hypnose aber eigentlich kein Schlaf ist, zeigt schon die Körperhaltung. Ein Hypnotisierter kann gerade aufrecht sitzen und er kann, auf einen besonderen Auftrag hin, Arme oder Beine ausgestreckt halten, ohne zu ermüden.

Die Verbindung des Hypnotisierten zur Außenwelt geht über den Hypnotiseur. Er leitet die Hypnose ein und beendet sie. Er beeinflußt das, was der Hypnotisierte erlebt. So kann er z. B. Schmerzfreiheit suggerieren. Wenn er den Hypnotisierten dann mit einem spitzen oder heißen Gegenstand berührt, so erwacht der Patient nicht aus der Hypnose, sondern gibt an, nichts zu empfinden. Anders als im Schlaf, kann der Patient über die Dauer der Hypnose hinaus beeinflußt werden.

Im Gegensatz zum Schlaf ist die Hypnose ein gelenkter Vorgang. Der Hypnotisierte verhält sich dabei passiv. Aber die Passivität muß vom Patienten gewollt sein. Man kann sagen, daß er sich bewußt dem Unbewußten überläßt.

Je tiefer ein Mensch schläft, desto schwerer ist er von außen zu erreichen oder zu beeinflussen. Bei der Hypnose ist es umgekehrt: Je tiefer die Hypnose, desto stärker ist die Wirkung von Suggestionen. Die Hypnose ist somit eigentlich kein Schlaf, sondern eine besondere Form des Wachseins. Der Bereich, in dem ein Hypnotisierter angesprochen werden kann, ist die »wache Insel in dem im übrigen schlafenden Menschen« (Hoffmann).[24]

Auch die Versenkung, die im autogenen Training erreicht wird, ist eine besondere Form des Wachzustandes. Im Gegensatz zur Hypnose weiß der Übende jederzeit, wo er ist und was er tut. Er kann sich hinterher an alles erinnern. Trotzdem besteht im autogenen Training ein besonderer Bewußtseinszustand. Wenn der Übende sich stark auf seine Übung konzentriert, nimmt er Vorgänge um ihn herum nicht wahr. Dabei gibt es, ähnlich wie beim Schlaf, eine selektive Wahrnehmung. Gewohnte Störungen werden ausgeblendet, während andere beachtet werden. In der Versenkung können auch flüchtige Bilder auftreten, ähnlich wie im Traum. Auf diese spontan auftretenden Bilder baut die sogenannte Oberstufe des autogenen Trainings auf.

Die Versenkung beim autogenen Training ist mehr als eine besonders starke Konzentration auf eine Tätigkeit, wie wir sie aus dem täglichen Leben kennen. Das zeigt sich daran, daß der Übende, ähnlich wie bei der Hypnose, Suggestionen zugänglich ist. Vorsätze, die sich der Übende während des autogenen Trainings gibt, wirken über die Übung hinaus. So kann man sich im autogenen Training Schmerzfreiheit, geistige Frische oder Gelassenheit suggerieren. Ähnlich wie bei der Hypnose tritt die Wirkung erst nach der Übung und scheinbar unabhängig von dieser auf. Die Wirkungen, die mit dem autogenen Training erzielt werden, sind nicht so drastisch wie bei der Hypnose. Sie können aber durch ein kontinuierliches Training gesteigert werden.

9. Wiederholung und Rhythmus

Jede Übung des autogenen Trainings wird durch einfache Formeln eingeleitet, die der Übende mehrfach wiederholt. So sagt er am Beginn der Übung: »Ich bin ganz ruhig« und wiederholt diesen Satz mehrere Male, bis er eine Wirkung spürt. Bei der darauffolgenden Übung heißt es dann: »Rechter Arm ganz schwer«. Auch diese Formel wird mehrfach wiederholt, bis sich eine Wirkung einstellt. Auf diese Art wird jeder Schritt der Übung eingeleitet und begleitet. Das gleichmäßige Vorsprechen der Formeln wirkt ähnlich beruhigend wie das Rattern eines Zuges oder das Summen eines Diaprojektors. Da die Augen während der Übung geschlossen sind, werden visuelle Reize ausgeschaltet.

Das Vorsprechen oder »Vordenken« der Übungsformeln hält auch akustische Reize aus der Umgebung, ebenso wie störende Gedanken aus dem Inneren, fern. Die Reduzierung von Reizen kann zur Schläfrigkeit führen, sie kann aber auch und zugleich mit der Müdigkeit eine größere Konzentration auf Vorgänge im Inneren bewirken. Auf diesem Zusammenhang beruhen manche Gebetstechniken, wie etwa das Rosenkranzbeten. Durch das »Herbeten«, die genau berechnete Abfolge der immer gleichen Gebete kommt der Beter in eine Verfassung, in der er erst in der Lage ist, sich dem inneren Sinn des Gebetes zu erschließen. Orientalische Religionen bringen sich mit solchen, aus europäischer Sicht absurd wirkenden Gebetswiederholungen in einen der Hypnose vergleichbaren Trancezustand.

Entspannung und Konzentration scheinen bei oberflächlicher Betrachtung Begriffe zu sein, die sich gegenseitig ausschließen. Das trifft aber nur zu, wenn man Entspannung als Zerstreuung versteht.[25] Im Sinne des autogenen Trainings gehören Entspannung und Konzentration zusammen. In der Entspannung wächst die Fähigkeit, sich zu konzentrieren, und umgekehrt ist die Konzentration Voraussetzung für eine tiefere Entspannung.

Geht man einmal der Frage nach, warum einförmige Reize, etwa das Ticken einer alten Uhr, die sanfte Wiederholung immer derselben Besänftigungsformel gegenüber einem weinenden Kind, eine beruhigende Wirkung haben, so stößt man auf die allgemeine Bedeutung rhythmischer Vorgänge im Leben.

Viele Funktionen im menschlichen Körper, vor allem solche, die unmittelbar mit dem Erhalt des Lebens zu tun haben, laufen rhythmisch ab. Das Herz schlägt regelmäßig 60 bis 80 mal in der Minute, in derselben Zeit werden 15 bis 20 Atemzüge gemacht. Die Speisen werden im Verdauungstrakt durch rhythmische Kontraktionen fortbewegt. Diese Bewegungen entstehen von selbst und sind dem Menschen nicht bewußt.

Rhythmische Bewegungen sind vermutlich das erste, was ein Embryo im Mutterleib wahrnimmt.[26] Man geht davon aus, daß ein Embryo ab dem vierten Monat den Herzschlag der Mutter spürt. Versuche haben ergeben, daß sich schreiende Neugeborene beruhigen, wenn man ihnen den normalen Herzschlag auf Tonband vorspielt. Erhöht man die Herzfrequenz, so nehmen Weinen und Unruhe zu. Offensichtlich lernt der Embryo schon den mütterlichen Herzschlag als einen Grundrhythmus kennen, an dem er sein eigenes Befinden orientiert. Auch die Lageveränderungen der Mutter erlebt der Embryo als ein gleichmäßiges Wiegen oder Schaukeln, das wiederum zu einem Grundmuster für Bewegung wird.

Wenn man sich einem gleichmäßigen Rhythmus hingibt, so bedeutet das, eine Situation herbeizuführen, die an einen früheren Zustand des Menschen erinnert. Ein Rückschritt in einen entwicklungsmäßig früheren Zustand wird als Regression bezeichnet. Eine Regression tritt im Schlaf auf, bei jeder Form von Kranksein und auch im Versenkungszustand des autogenen Trainings. Im Zustand der Regression tritt die bewußte Gestaltung zurück hinter dem Bedürfnis, versorgt zu werden und sich angenehmen Gefühlen hinzugeben. Niemals sind schwierige Kinder so »lieb«, wie wenn sie krank sind. In diesem Zustand haben Vorstellungen und Bilder eine sehr viel stärkere Wirkung als im wachen Zustand.

Eigene rhythmische Bewegungen und die Wahrnehmung von Rhythmus sind also sehr ursprüngliche Funktionen des Menschen. In der späteren Entwicklung werden sie überlagert durch die Fähigkeit zu differenzierter Wahrnehmung und der Steuerung von eigenen Bewegungsabläufen. [27] Diese Steuerung der Motorik ist eng mit der Tätigkeit der Großhirnrinde verbunden. Die Fähigkeit zur bewußten Gestaltung von Bewegungsabläufen wird besonders im Sport gefördert und herausgestellt. Der Mensch demonstriert, daß er sich von früheren, mehr eintönigen oder reflexgebundenen Bewegungsmustern gelöst hat.

Bei krankhaften Zuständen kann der Mensch aber wieder in stereotype Bewegungen zurückfallen. So ist bekannt, daß Kinder, die sich verlassen fühlen, rhythmisch mit dem Kopf gegen das Bett stoßen oder unablässig schaukeln.

Im autogenen Training werden Rhythmus und Wiederholung bewußt eingesetzt, um den Versenkungszustand herbeizuführen. Damit trägt das autogene Training der Tatsache Rechnung, daß sich das Leben nicht nur auf der bewußten Ebene abspielt. Durch Freud wissen wir, daß bewußte und unbewußte Anteile der Seele in einem Wechselspiel stehen. Alle bewußten Tätigkeiten des Menschen bedürfen einer besonderen Anstrengung, von der er sich erholt, indem er auf eine vorbewußte Ebene hinabsteigt.

Bei einem Kind ist der Prozeß der Bewußtwerdung noch nicht abgeschlossen. Es ist daher besonders verletzlich. Man kann das autogene Training somit auch als Schutz vor der Überforderung durch das bewußte Leben verstehen und als Hilfe, sich seinen Forderungen anzupassen.

10. Abgrenzung zu anderen Methoden

Wie bereits dargestellt wurde, ist das autogene Training eng verwandt mit der Hypnose. Bei der Hypnose als einer Methode der Fremdsuggestion ist der Patient immer auf einen Therapeuten angewiesen. Die Hypnose kann im Einzelfall außerordentlich wirksam sein und ist besonders als Methode der Krisenbewältigung geeignet, beispielsweise bei Examensangst.

Die Anwendungsgebiete für das autogene Training und die Hypnose sind die gleichen. Das autogene Training ist aber wesentlich weiter verbreitet. Als Methode der Autosuggestion ermöglicht sie es dem Übenden, weitgehend unabhängig von einem Therapeuten zu sein. Die Wirkungen sind zu Beginn nicht so beeindruckend wie bei der Hypnose. Dafür stärkt das Bewußtsein, den Erfolg sich selbst zu verdanken, das Selbstgefühl des Übenden und kann somit zu einem weiteren Gelingen beitragen.

Neben dem autogenen Training gibt es noch die sogenannte Oberstufe des autogenen Trainings. Dabei handelt es sich um eine Form der Meditation, bei der der Übende sich auf Bilder konzentriert, die in seinem Inneren im entspannten Zustand ähnlich wie Traumbilder entstehen.

Jeder wird die Erfahrung gemacht haben, daß ihm ohne erkennbaren Grund Bilder, vielleicht aus der Kindheit oder aus dem Urlaub, aufleuchten und daß diese ebenso rasch wieder verschwinden. Wer sich bemüht, diese Bilder festzuhalten oder erneut in sich aufzurufen, merkt rasch, welch großes Maß an Konzentration dazu erforderlich ist.

Die Thematik wird vom Übungsleiter vorgegeben. So beginnt man etwa mit der Aufgabe, Farben, die vor dem inneren Auge spontan entstehen, zu betrachten und die sogenannte Eigenfarbe zu finden. Eine ähnliche Aufgabe gibt es für Formen und für Bewegungen.

Schließlich kann man bestimmte Menschen oder Situationen mit dem inneren Auge betrachten. Diese Methode führt den Übenden schrittweise in das eigene Seelenleben ein. Sie hilft, die eigene Situation zu erkennen und gibt dem Übenden Anregungen, wo er seine Einstellung verändern könnte.

Bei dieser Methode ist das autogene Training eigentlich nur der Einstieg in die Übung, da jede Form von Innenschau nur in einem entspannten Zustand möglich ist. Ansatzweise leistet auch das einfache autogene Training so etwas wie einen Blick nach innen. Denn es führt zu einer stärkeren Selbstbeobachtung, die in der Formulierung eines Vorsatzes ihren Ausdruck findet. Der Übende hat beim autogenen Training immer ein praktisches Ziel vor Augen, z. B. keine Asthmaanfälle mehr zu bekommen oder die Prüfungsangst abzulegen. Was er auf dem Weg dorthin als Selbsterkenntnis findet, nimmt er mit. Er sucht aber nicht weiter danach. Bei der »Oberstufe des autogenen Trainings« und bei den weiteren Formen der Meditation wird diese Suche gezielt betrieben. Noch intensiver ist die systematische Innenschau in der Methode des »katathymen Bilderlebens«, bei der zu therapeutischen Zwecken Tagträume hervorgerufen und gedeutet werden. Auf diese Methode soll hier aber nicht näher eingegangen werden.

Der Begriff »Oberstufe des autogenen Trainings« erweckt fälschlicherweise den Anschein, als sei das autogene Training ohne diese Oberstufe unvollständig. Das ist aber nicht richtig. Wer die sechs Grundübungen des autogenen Trainings und die Vorsatzbildung gelernt hat, beherrscht das autogene Training vollständig. Er braucht nichts mehr dazuzulernen, sondern nur noch zu üben.

Zuletzt sei noch der Joga erwähnt, der bemerkenswerte Übereinstimmungen mit dem autogenen Training zeigt. Der Joga ist eine alte indische Methode, die über bestimmte körperliche Übungen den Menschen zu einer höheren Bewußtseinsstufe führen will. Das altindische Wort Joga hängt mit dem lateinischen Wort jungere = verbinden und mit dem deutschen Wort Joch zusammen. Ein Joch verbindet zwei Tiere zu einer gemeinsamen Tätigkeit. Ebenso will der Joga darauf hinwirken, daß gegensätzliche Strebungen des Menschen zu einem gemeinsamen Ziel geführt werden. Im Gegensatz zum autogenen Training ist der Joga nicht auf praktische Ziele ausgerichtet, sondern hat religiösen Charakter. Er will den Menschen über verschiedene Stufen aus der Vereinzelung zurück in die Einheit der Welt führen. Der Joga ist eingebettet in altes indisches Denken und kann wohl auch nur in diesem Zusammenhang verstanden und sinnvoll angewendet werden.

Bezüglich einzelner Techniken sind aber interessante Übereinstimmungen festzustellen: So werden die Übungen in bestimmten Körperhaltungen durchgeführt[28] (im autogenen Training gibt es nur zwei: Sitzen und Liegen), der Tätigkeit innerer Organe wird Aufmerksamkeit geschenkt, der Atem spielt eine wichtige Rolle, Konzentration und Entspannung bedingen sich gegenseitig.

Die Darstellung verwandter Methoden soll helfen, das autogene Training in einem größeren Zusammenhang zu sehen. Im Grunde handelt es sich um Variationen des immer gleichen Grundgedankens. Keine dieser Methoden wäre jedoch für Kinder geeignet. Denn alle Formen der Innenschau setzen einen Grad von Reife und Bewußtheit voraus, wie sie frühestens im Erwachsenenalter erwartet werden können.

II.

Autogenes Training – Ein Kurs für Kinder und Jugendliche

Wenn ein Kind für den Kurs angemeldet wird, sollten sich die Eltern darüber im klaren sein, warum und wozu ihr Kind autogenes Training machen soll. Es gibt viele gute Gründe dafür, wie z. B. gesundheitliche Störungen, Schulschwierigkeiten, Verhaltensauffälligkeiten oder einfach Neugier und Spaß an der Sache. Der Anwendungsbereich des autogenen Trainings ist groß und zum Teil noch gar nicht hinreichend bekannt. Trotzdem sollte man, wie in Kapitel 1 dargelegt, vor Beginn eine Indikationsstellung treffen und prüfen, ob in dem gegebenen Fall das autogene Training wirklich die richtige Methode ist. So können immer wieder auftretende Bauchschmerzen ein Zeichen von Streß oder Schulunlust sein. Es kann aber sehr wohl auch eine Krankheit der Verdauungsorgane vorliegen, die ärztlich behandelt werden muß. Daher sollten alle Beschwerden zunächst von einem Kinderarzt abgeklärt werden, und im Zweifelsfall kann man diese Untersuchung auch später noch einmal wiederholen.

Auch bei Schulschwierigkeiten oder Verhaltungsstörungen ist es sinnvoll, sich fachlich beraten zu lassen, um ein möglichst genaues Bild von der Art der Störung zu bekommen. Es kommt immer wieder vor, daß anläßlich solcher Untersuchungen Hör- oder Sehstörungen festgestellt werden, ohne deren Behandlung das Kind gar keine Aussicht auf Besserung seiner Leistungen hat. Auch Teilleistungsstörungen[29] werden oft erst entdeckt, wenn der Arzt sich eingehender mit einem Kind befaßt.

Das besagt nicht, daß in den genannten Fällen das autogene Training nicht auch sinnvoll sein kann. Aber es darf nicht eine medizinische oder psychologische Grundversorgung ersetzen bzw. von dieser ablenken.

Eine genaue Zielvorstellung ist aber auch für das Kind und die Eltern selbst wichtig. Denn der Erfolg eines Kurses hängt sehr wesentlich von der Motivation des Teilnehmers ab. Nun geht die Idee, es mit dem autogenen Training zu versuchen, in der Regel von den Eltern aus und nicht vom Kind. Wenn die Eltern aber selbst unklare Vorstellungen von der Methode haben, ist es schwer, das Kind für das autogene Training zu gewinnen.

Da das Kind zu Beginn des Kurses noch keine eigene Motivation haben kann, ist es wichtig, sie so bald wie möglich aufzubauen. Das gelingt am leichtesten dadurch, daß man den Kindern erklärt, was sie in dem Kurs lernen können und was er für sie bringen kann. Dabei darf man aber in den Kindern keine unrealistischen Erwartungen wecken, sondern sollte auch zeigen, wo die Grenzen des autogenen Trainings liegen. Zunächst kommt es darauf an, wenigstens einen Punkt zu finden, der die Kinder anspricht. Die Vorstellung, beispielsweise in zehn Minuten »ganz fit« zu werden, ist für viele Kinder interessant, ebenso der Gedanke, daß man Hausaufgaben mit weniger Fehlern und damit schneller machen kann.

Häufig sind die Gründe, die die Eltern zum autogenen Training für das Kind führen, den Kindern selbst nicht so bedeutsam. Körperliche Krankheiten möchten Kinder häufig verbergen. Es ist für sie nicht attraktiv, einer Krankheit wegen, die ihnen schon Nachteile einbrachte, auch noch einen Nachmittag zu opfern.

Daher ist es wichtig, bei Kindern einen Anknüpfungspunkt für das autogene Training zu finden, der ihnen Freude bringt. Erfahrungsgemäß sind die Kinder dann im Laufe eines Kurses durchaus bereit, auch über ihre speziellen Schwierigkeiten zu sprechen. Wenn sie erst einmal die Erfahrung gemacht haben, daß das autogene Training tatsächlich wirkt, können sie sich auch vorstellen, daß das autogene Training bei ihren Störungen hilft. Da es darauf ankommt, das Kind gleich zu Beginn des Kurses zu motivieren, sollten Eltern und Kursleiter zunächst auch die von ihnen als wichtig angesehenen Ziele hinter den augenblicklichen Bedürfnissen des Kindes zurückstellen. Die Motivation ist beim autogenen Training darum so wichtig, weil der Übungserfolg ganz von den Bemühungen des Übenden abhängt. Das ist, wie dargestellt, ein spezifisches Merkmal gerade dieser Methode.

Das führt zu der Frage, welche anderen Bedingungen ein Kind erfüllen muß, um das autogene Training zu lernen. Motivation setzt eine gewisse Einsicht in das gesteckte Ziel voraus, so daß das autogene Training erst ab einem bestimmten geistigen und sozialen Reifegrad des Kindes sinnvoll ist.

Grundsätzlich ist jedes Kind für das autogene Training geeignet. Schwierigkeiten bestehen dann, wenn das Kind so stark gestört ist, daß es auch nicht für kurze Zeit ruhig bleiben kann. Außerdem muß das Kind seelisch dazu in der Lage sein, Kontakt mit dem Kursleiter aufzunehmen, sich anleiten zu lassen und sich in eine Gruppe einzufügen. Als untere Altersgrenze hat sich das normale Einschulungsalter, also sechs Jahre, bewährt. In einzelnen Fällen ist es auch möglich, mit dem autogenen Training im Vorschulalter zu beginnen. Grundsätzlich kann man das autogene Training auch in Einzeltherapie vermitteln. Angenehmer für das Kind und zugleich ökonomischer ist aber das Lernen in der Gruppe. Dies ist in der Regel auch erfolgversprechender, da in der Gruppe nicht das Gefühl aufkommt, etwas Absonderliches zu tun, ein Gefühl, vor dem sich Kinder noch mehr als Erwachsene scheuen.

Das autogene Training kann man nur dann lernen, wenn man regelmäßig übt. Die Eltern haben die Aufgabe, das Kind zum regelmäßigen Üben anzuhalten. Das ist nicht ganz einfach, denn sie müssen einerseits das Kind überwachen, ihm aber andererseits das Gefühl vermitteln, daß das autogene Training seine eigene Angelegenheit ist. Für viele Kinder ist es ein Anreiz, daß mit dem autogenen Training der eigene Bereich anerkannt und geschützt wird. Dieses Gefühl sollten die Eltern ihrem Kind nicht dadurch nehmen, daß sie sich zu stark in das Üben einmischen.

Es ist eigentlich nicht zuviel verlangt, zweimal am Tag fünf bis zehn Minuten auf eine Übung zu verwenden. Die Erfahrung zeigt aber, daß auch dieses kurze Üben leicht vernachlässigt wird, wenn es nicht an einen festen Zeitplan gebunden ist. Daher sollten von Anfang an die Übungszeiten festgelegt und auch eingehalten werden. Für ein Schulkind ist es günstig, einmal am Nachmittag vor den Hausaufgaben zu üben und einmal abends vor dem Einschlafen, wo das Training gegebenenfalls mit dem Abendgebet verbunden werden kann. Auf diese Weise werden jeden Tag beide Übungshaltungen eingenommen, nämlich Sitzen und Liegen. Außerdem wird das autogene Training von Anfang an in einer konkreten Situation angewandt: Vor den Hausaufgaben hilft es, die Konzentration zu verbessern. Diese Wirkung merken die Kinder meistens recht schnell. Abends ist das autogene Training eine Hilfe zum Einschlafen.

Wichtig ist auch, daß das Kind beim Üben einen Ort hat, an dem es nicht gestört wird. Am besten ist es, immer am selben Ort zu üben. Dabei ist wichtig, eine Regelung zu treffen, nach der Geschwister das Kind nicht beim Üben stören können. Es muß also sichergestellt sein, daß ein Kind für zehn Minuten ungestört im eigenen oder gemeinsamen Zimmer sein kann.

1. Äußere Bedingungen des Übens

Es gibt grundsätzlich zwei Haltungen, in denen das autogene Training durchgeführt wird, nämlich im Sitzen und im Liegen. Es kommt in jedem Fall darauf an, daß der oder die Übende in seiner Haltung entspannt ist und daß er in dieser Haltung während der Übung verharrt.[30] Denn jede auch nur geringe Muskelanspannung wirkt einer allgemeinen Entspannung entgegen.

Die Übung im Liegen vollzieht man in Rückenlage, die Arme sind seitlich neben dem Körper (vgl. Abb. 1). Diese Haltung ist im allgemeinen beliebt, weil man dabei nichts falsch machen kann. Es versteht sich, daß während der Übung weder gegessen noch getrunken wird. Süßigkeiten und Getränke sollten zur Vermeidung von Ablenkung nicht in Reich- oder Sichtweite sein. Dasselbe gilt für Kuscheltiere oder ähnliche die Aufmerksamkeit oder Phantasie des Kindes ansprechende Gegenstände.

Ein wenig mehr Mühe erfordert die Sitzhaltung. Hier gibt es zwei Möglichkeiten. Die eine besteht darin, in einem Sessel Rücken und Kopf anzulehnen und die Arme auf die Armlehnen zu legen. Diese Haltung ist aber für kleinere Kinder nicht geeignet, weil ein Sessel nicht den kindlichen Körperproportionen entspricht. Der Rücken hängt dabei durch und die Beine können nicht aufgestützt werden, so daß eine allgemeine Entspannung der Muskulatur nicht möglich ist. Ganz allge-

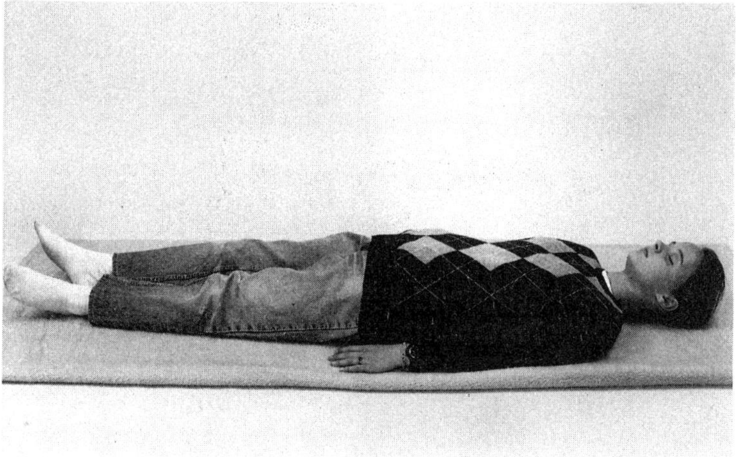

Abb. 1 Die Übungshaltung im Liegen.

mein ist diese Übungshaltung auch darum nicht so günstig, weil man dabei immer auf ein entsprechendes Möbelstück angewiesen ist.

Die in allen Fällen anwendbare Sitzhaltung ist der sogenannte Droschkenkutschersitz. Dabei sitzt der Übende auf der vorderen Kante eines Stuhls. Die Füße stehen mit der ganzen Standfläche fest, aber locker auf dem Boden; Ober- und Unterschenkel bilden etwa einen rechten Winkel (vgl. Abb. 2). Sind die Beine des Kindes zu kurz, so kann man den Höhenunterschied mit einem Hocker oder einem Stapel Bücher ausgleichen.

Um die richtige Sitzhaltung zu erreichen, ist es am besten, sich im Rücken gerade aufgerichtet hinzusetzen und sich dann locker in sich zusammenfallen zu lassen.

Abb. 2 Die Übungshaltung im Sitzen.

Der Kopf nickt dabei nach vorn. Weder sollten Rücken und Kopf getragen werden, noch sollte man in der Übung zu sehr nach vorne fallen. In beiden Fällen treten Muskelverspannungen auf, die die allgemeine Entspannung stören und beim Üben unangenehme Gefühle hervorrufen können. Durch einiges Probieren kann man eine Mittelstellung finden, in der das Skelett sich unter weitgehendem Verzicht auf Muskelkraft selbst trägt.

Die Kleidung sollte beim Üben bequem sein, besondere Sportkleidung ist aber nicht nötig. Da man beim Üben leicht auskühlt, ist darauf zu achten, daß Kleidung und Zimmer eher zu warm als zu kalt sind. Grelle Beleuchtung, z. B. durch Halogenlampen, ist zu vermeiden.

Während des Übens sollten möglichst keine lauten Geräusche auftreten, die die Konzentration stören. Das Kind muß aber auch von Anfang an die Einstellung haben, daß es sich von Störungen nicht ablenken lassen will. Denn wenn man das autogene Training im täglichen Leben anwendet, wird man wohl selten eine Umgebung finden, die ganz frei von Störungen ist. Diese Einstellung bewährt sich auch in der Schule, wo ja immer bei einer gewissen Geräuschkulisse gearbeitet werden muß. Schließlich sollte noch erwähnt werden, daß auch ein Kind während des Übens eine Art von innerer Uhr hat, so daß auch ohne Hilfe von außen die Übung immer zeitgerecht abläuft.

2. Das Zurücknehmen

Bevor man ein Fahrzeug in Bewegung setzt, muß man wissen, wie man es wieder bremst. Für unsere Situation ist es wichtig, vor Beginn der Übung zu wissen, wie man sie beendet. Denn ohne das sogenannte »Zurücknehmen« würde die Muskelentspannung über die Übung hinaus anhalten und ein unangenehmes Gefühl von Gliederschwere zurücklassen. Das Zurücknehmen verhilft auch dazu, daß man sich nach der Übung wieder frisch fühlt, ähnlich wie man durch Recken und Strecken am Morgen wach wird.

Das Zurücknehmen erfolgt in drei Schritten: »Tief Luft holen – Arme fest – und Augen auf!«; sie werden der Reihenfolge nach ausgeführt. Zuerst atmen die Kinder tief ein, dann machen sie eine feste Faust und schließlich öffnen sie die Augen. Wenn jemand sich aus irgendeinem Grund bei der Übung unwohl fühlt, kann er sie auch vorzeitig zurücknehmen. Will man nach der Übung einschlafen, so ist ein Zurücknehmen nicht erforderlich. Schläft das Kind abends während des Übens ein, so wird damit deutlich, daß das autogene Training seine Wirkung getan hat. Da die Übung am Abend häufig nicht beendet wird, ist es wichtig, auch am Tag im wachen Zustand zu üben. Dabei sollte immer der Vorsatz bestehen, nach der Übung wach und frisch zu sein.

3. Realisierung der Formeln

Wie bereits dargestellt, arbeitet das autogene Training mit Suggestionen, die eine bestimmte körperliche Wirkung hervorrufen. Die Suggestionen werden über kurze Formeln vermittelt, die, mehrfach wiederholt, in immer derselben Reihenfolge eingegeben werden.

Innerhalb eines Kurses erfolgt die Eingabe zunächst durch den Kursleiter, der die Formeln vorspricht. Die Kinder sollten aber gleich zu Beginn wissen, daß dies nur am Anfang der Fall ist. Später (und wenn sie zu Hause üben) müssen sie sich die Formel selbst vorsagen oder vorstellen. Die meisten Kinder prägen sich die Formeln in Gedanken ein – etwa so, wie man in Gedanken ein Gedicht aufsagen kann. Dabei sollte man darauf achten, daß der Mund nicht bewegt wird; denn auch kleine Muskelbewegungen wirken der gesamten Muskelentspannung entgegen.

Kinder, die mehr visuell veranlagt sind, stellen sich die Formeln geschrieben vor – als Reklameleuchtschrift, auf eine Wandtafel geschrieben oder als Plakat. Das Üben in der Gruppe mit Vorsprechen fällt naturgemäß leichter als das eigene Üben allein zu Hause. Dementsprechend sind die Erfolge in der Gruppe oft größer. Daher ist es besonders wichtig, den Kindern klarzumachen, daß gerade eine Wirkung, die sie selbst herbeigeführt haben, besonders anzuerkennen ist.

Ein kleiner eigener Erfolg ist wichtiger als ein großer mit fremder Hilfe. Oder anders ausgedrückt: Im autogenen Training ist nur das ein Erfolg, was wirklich selbst gemacht wurde. Darum ist es für das Kind auch keine Verbesserung, wenn es das autogene Training mit der Mutter oder dem Vater zusammen macht und diese ihm dabei vorsprechen.

Es mag zwar oft nötig sein, daß die Bezugsperson durch ihre Teilnahme das Kind beim Üben unterstützt. Das sollte dann aber nicht in einer solchen Weise geschehen, daß das Kind von ihr oder einer anderen Person abhängig wird. Hilfe darf stets nur die Stützung eigener Kräfte des Kindes sein, sie aber nicht ersetzen wollen.

Häufig wird die Frage gestellt, wie oft man eine einzelne Formel, wie »Rechter Arm ganz schwer« wiederholen soll. Schultz empfahl, jede Formel sechsmal zu sagen. Das führt aber bei Kindern leicht dazu, daß diese zählen und sich dabei mehr auf die richtige Anzahl konzentrieren als auf den Inhalt der Formel. Es ist darum besser zu sagen, daß man die Formel mehrfach vorsprechen solle und die Kinder anzuregen, darauf zu achten, wann die Wirkung eintritt. Wenn schon eine Zahl genannt werden soll, dann ist eine dreimalige Wiederholung zu empfehlen, weil das erfahrungsgemäß eine Größe ist, die Kinder auch ohne zu zählen im Gefühl haben.

Zwischen den Übungsformeln kann immer wieder die allgemeine Ruheformel eingestreut werden, mit der auch die Übung beginnt: »Ich bin ganz ruhig und entspannt.«

4. Einleitung der Übung

Zu Beginn werden die Kinder aufgefordert, sich in ihre Übungshaltung zu begeben. Da sie ihre Lage während der Übung möglichst nicht verändern sollen, ist dafür zu sorgen, daß sie sich in ihr möglichst bequem fühlen. Enge Gürtel kann man öffnen, Brillen werden abgelegt. Sich für fünf bis zehn Minuten auf eine bestimmte Körperhaltung verbindlich festzulegen, ist für manche Kinder gar nicht so einfach, da sie an Disziplin in dieser Hinsicht nicht gewöhnt sind.

Am leichtesten ist es, auf die Erfahrung im Sport zurückzugreifen, wo jede einzelne Disziplin eine bestimmte »Arbeitshaltung« erfordert und auch vom Kind akzeptiert wird. Daß es bestimmte Arbeitshaltungen in vielen Situationen gibt, wie in der Schule oder am Mittagstisch, ist den Kindern meistens nicht bewußt.

Prüft man den Spannungszustand der Muskulatur, indem man einen Arm – im Liegen auch ein Bein – aufhebt und locker zurückfallen läßt, dann ist festzustellen, daß die Glieder oft krampfhaft gehalten werden. Den Kindern kann damit gezeigt werden, daß sie noch gar nicht so entspannt sind, wie sie es von sich glauben.

Bevor die Übung beginnt, werden die Kinder gebeten, ihre Augen zu schließen. Auch der Augenschluß ist eine psychologische Barriere. Es ist der erste Schritt dazu, sich von der Umgebung zu lösen und sich auf sich selbst zu konzentrieren. Manche Kinder können zu Beginn der Übung die Augen nicht geschlossen halten. Es hilft dann, den Raum abzudunkeln. Bei fortschreitendem Training werden die Augenlider schwer und können ohne Mühe geschlossen gehalten werden.

5. Schwereübung

Nachdem zur Einleitung einige Male die Ruheformel »Ich bin ganz ruhig und entspannt« gebraucht worden ist, beginnt die eigentliche erste Übung.

Die Aufgabe ist, sich auf den rechten Arm zu konzentrieren und sich vorzustellen, er sei ganz schwer. Die Formel dazu heißt: »Rechter Arm ganz schwer«. Dabei läßt sich das Gefühl vergegenwärtigen, einen schweren Gegenstand zu tragen; oder es ist vorstellbar, ein schwerer Sandsack läge auf dem Unterarm. Ein Schwimmer, der »Toter Mann« spielt, erzeugt an seinen Gliedern ein ähnliches Gefühl.

Das Gefühl von Schwere entspricht der Entspannung der Armmuskulatur. Diese Entspannung bleibt aber nicht auf den Arm beschränkt. Sie setzt sich in benachbarte Regionen wie Schulter und Nacken fort und erfaßt schließlich jeden Muskel des Körpers. Man kann diesen Vorgang mit einem Stein vergleichen, der ins Wasser fällt. In weitem Umkreis ruft er eine Bewegung des Wassers hervor, die allerdings um so schwächer wird, je weiter die Entfernung zum Punkt des Eintauchens ist.

Jede, auch lokal begrenzte Entspannung wirkt sich auf den ganzen Körper aus. Dieses Phänomen nennt man Generalisierung. Sie ist nicht nur bei der Entspannung, sondern in gleicher Weise auch bei jeder Form von Verspannung wirksam. Daher stört jede noch so geringfügige Verspannung in einem sonst entspannten Körper den Gesamtzustand der Entspannung. Wer am kleinen Finger einen Verband trägt, fühlt sich nicht nur dort, sondern insgesamt nicht völlig wohl.

Die Generalisierung zeigt sich auch darin, daß unwillkürlich bei der Schwereübung Zeichen der Entspannung auftreten, die eigentlich erst in einer späteren Übung hervorgerufen werden sollen. So tritt häufig spontan ein Kribbeln oder ein Wärmegefühl in der Hand auf, und es ist deutlich spürbar, daß der Atem ruhiger wird.

Im Prinzip kann man von jedem Teilbereich des Körpers aus eine allgemeine Entspannung erreichen. Die Formel könnte also auch heißen: »Kniescheibe oder Bauchdecke ganz warm«. Somit stellt sich die Frage, warum Schultz gerade den rechten Arm als Ausgangspunkt der Übung wählte.

Der Einstieg in die Entspannung über einen Skelettmuskel ist zunächst einmal darum sinnvoll, weil dieser Bereich des Körpers am meisten der Beeinflussung des Willens unterliegt. Neben der Skelettmuskulatur gibt es auch noch die Herz- und die glatte Muskulatur. Der Herzmuskel kommt, wie der Name sagt, nur im Herzen vor. Die glatte Muskulatur findet sich in Blutgefäßen, Bronchien, im gesamten Verdauungssystem, in Harn- und Geschlechtsorganen. Sie wird deshalb auch als Eingeweidemuskulatur bezeichnet. Alle drei Arten von Muskulatur unterscheiden sich im mikroskopischen Bild voneinander und spiegeln damit ihre unterschiedliche Funktion im menschlichen Körper wider. Die Skelettmuskulatur, zu der auch die Muskeln des Kehlkopfs, die mimischen Muskeln und das Zwerchfell gehören, wird in starkem Maße durch den Willen gesteuert.

Die unbewußten Ausgleichsbewegungen, wie man sie zur Aufrechterhaltung des Gleichgewichts etwa beim Fahrradfahren macht, und die Reflexe zeigen allerdings, daß auch die Skelettmuskulatur unbewußten Impulsen unterliegt. Diese Muskeln unterliegen aber in weitem Ausmaß der bewußten Steuerung. Anders ist es beim Herzmuskel und bei der glatten Muskulatur. Sie können nicht durch den Willen beeinflußt werden. Dabei ist eine kleine Abstufung zu machen. Es gibt Jogaübungen, die zeigen, daß beim Herzen eine gewisse Beeinflußbarkeit erreicht werden kann. [31]

Die verschiedenen Körperbereiche lassen sich nach ihrer »Ich-Nähe« ordnen. Damit ist gemeint, daß manche Organe und Funktionen einem gedachten Zentrum der Steuerung und Empfindung näher liegen als andere. Der Ich-nächste Bereich ist die Skelettmuskulatur, dann folgen Herz und Blutgefäße, noch weiter entfernt ist die Eingeweidemuskulatur und schließlich ganz am Rand befindet sich das Stützsystem. [32]

So ist es also völlig sinnvoll und durchaus kein Zufall, daß das autogene Training mit der Skelettmuskulatur beginnt. Innerhalb der Muskulatur sind nun die Muskeln des Armes und der Hand »Ich-näher« als andere Partien, wie z. B. die Rückenmuskeln oder die Muskeln der Beine. Mit ihnen lassen sich nicht nur besonders fein abgestimmte Bewegungen ausführen; diese Muskeln sind auch in der Großhirnrinde auf einem viel größeren Gebiet repräsentiert als andere Muskelgruppen. Wegen der größeren »Ich-Nähe« beginnt man auch mit rechts, weil in der Regel die rechte Seite gegenüber der linken bevorzugt ist. Daraus ergibt sich, daß es für einen Linkshänder besser ist, mit dem linken Arm anzufangen. Es kann ausnahmsweise vorkommen, daß, etwa für einen Fußballspieler, das Bein gegenüber dem Arm »Ich-näher« ist.

Obwohl die Übung allein mit dem rechten Arm eigentlich ausreicht, um über die Generalisierung alle Muskelgruppen anzusprechen, hat es sich bei Kindern als nützlich herausgestellt, alle vier Extremitäten anzusprechen und zu entspannen. Es heißt dann also: »Rechter Arm ganz schwer – linker Arm ganz schwer – rechtes Bein ganz schwer – linkes Bein ganz schwer.« Diese Erweiterung der Formel kommt dem gerade beim Kinde viel stärker als beim Erwachsenen ausgeprägten Symmetriebedürfnis entgegen. Die Ausweitung der Formel führt außerdem zu einem längeren Verweilen bei der Übung.

In einem fortgeschrittenem Stadium, wenn alle Übungen mit reflexartiger Zuverlässigkeit realisiert werden können, wird der Übungstext stark gekürzt. Dann heißt es bei der ersten Übung nur noch »Schwere«. Zunächst sollte man sich aber an den ausführlichen Text halten, um sicherzugehen, daß alle Muskelgruppen erreicht werden. Anfangs überwiegt oft das Schweregefühl im rechten Arm. Manchmal fühlen sich auch beide Arme schwerer an als die Beine; oder die rechte Seite insgesamt ist schwerer als die linke.

Das Ungleichgewicht führt gelegentlich zu dem Gefühl, nach einer Seite zu kippen. Dies tritt aber nicht tatsächlich ein, auch wenn im Sitzen geübt wird. Häufig geben die Kinder an, sie fühlten, wie ein Arm in den Boden gezogen würde, daß sie durch den Boden zum Erdmittelpunkt fielen oder daß sie wie ein großer Stein seien. Diese verschiedenen, von Kindern oft phantasievoll ausgeschmückten subjektiven Erfahrungen entsprechen einer objektiven Veränderung, nämlich der Muskelentspannung.

Diese Veränderung läßt sich demonstrieren, indem man bei einem entspannten Teilnehmer Arm oder Bein anhebt und beobachtet, wie schwer die Extremität zurückfällt. Leider ist es nicht möglich, daß der Übende sich bei der Entspannung selbst beobachtet. Denn wenn man – was Kinder immer gerne versuchen – die Arme oder Beine während der Übung anhebt, um sich von der Schwere zu überzeugen, hebt man durch die dabei nötige Muskelanspannung den entspannten Zustand wieder auf, den man beobachten will.

6. Wärmeübung

Der Schwereübung entsprechend wird die Wärmeübung zunächst mit der rechten Hand, dann mit der linken Hand und schließlich dem rechten und linken Fuß durchgeführt. Die Formel lautet: »Rechte Hand ganz warm« oder »rechte Hand angenehm warm«. Die Kinder haben die Aufgabe, die Eigenwärme ihrer Hand zu spüren und in Gedanken zu verstärken.

Das Gefühl von Wärme ist am besten an der Handinnenfläche zu spüren, weil sich dort besonders viele Wärmerezeptoren befinden.[33] Von dort aus läßt sich das Wärmegefühl bis in die Spitzen jedes einzelnen Fingers, auf den Handrücken und den Unterarm ausdehnen. Dabei helfen Erinnerungen an Wärmeerlebnisse aus dem Alltag. Man kann sich beispielsweise vorstellen, die Hand sei in warmes Wasser getaucht, man hielte die Hand an einen warmen Kachelofen oder man komme im Winter mit kalten Händen in ein warmes Zimmer. Wichtig ist dabei immer die Vorstellung, daß es sich um angenehme Wärme handelt, nicht aber um Hitze, die brennt und weh tut.

Nachdem man die Übung mit der rechten Hand durchgeführt hat, wird die linke mit einbezogen. An den Beinen stellt man sich warme Fußsohlen vor und dehnt das Wärmegefühl dann bis in die Zehenspitzen, den Fußrücken und den Unterschenkel aus. Auch bei dieser Übung tritt ein Wärmegefühl oft schon spontan an der anderen Hand oder an anderen Körperstellen auf.

Der körperliche Vorgang, der dem subjektiven Gefühl von Wärme entspricht, beruht auf einer Entspannung der Blutgefäße. Die Arterien enthalten in der Gefäßwand glatte Muskulatur. Wenn diese sich entspannt, erweitern sich die Gefäße. Es fließt mehr warmes Blut durch Hände und Füße, und entsprechend kommt es zur Erwärmung. Manche Kinder geben an, sie hätten

»Wurstfinger« bei der Übung bekommen. Bei Ringträgern kann man feststellen, daß tatsächlich die Finger bei der Übung dicker werden. Da es auch hier zu einer Generalisierung kommt, werden nicht nur die Blutgefäße in Händen und Füßen erweitert, sondern die Arterien ganz allgemein.

Diese Übung führt zu einer besseren Durchblutung auch anderer Körperpartien. Eine Erweiterung von Arterien führt gleichzeitig zu einer Senkung des Blutdrucks. Das ist günstig, wenn sowieso ein zu hoher Blutdruck besteht.

Kinder haben meist einen normalen oder einen zu niedrigen Blutdruck. Dann kann bei dieser Übung kurzfristig ein Schwindelgefühl auftreten, das durch die Blutdrucksenkung verursacht wird. Das Schwindelgefühl verschwindet aber bei weiterem Üben. Die geringfügige Schwankung des Blutdrucks nach unten geht niemals so weit, daß sie ernsthafte Störungen verursacht. Insgesamt wirkt die Wärmeübung auf die Normalisierung von Kreislauf und Blutdruck hin.

Jugendliche, vor allem Mädchen, klagen häufig über sogenannte orthostatische Beschwerden. Dabei tritt bei längerem Stehen Schwindel auf, und wenn die Betroffenen aus dem Liegen aufstehen wollen, wird ihnen schwarz vor Augen. Dabei handelt es sich um eine Fehlanpassung des Kreislaufs bei einem an sich wünschenswerten niedrigen Blutdruck. Diese Beschwerden werden durch das autogene Training schnell gebessert – trotz der vorübergehenden Senkung des Blutdrucks.

Sollte bei der Wärmeübung ein Schwindelgefühl auftreten, so ist es wichtig zu wissen, daß das ein harmloses Zeichen ist, das nach kurzer Zeit verschwindet. Bis dahin ist es besser, nur im Liegen zu üben. Bei den ersten Versuchen mit der Wärmeübung kann es sein, daß noch gar kein Übungserfolg bemerkt wird. Dann sollte der Übende darauf achten, ob sich das Wärmegefühl nicht doch noch nachträglich einstellt. Denn – anders als bei der Schwereübung – wird die Gefäßentspannung nicht durch das Zurücknehmen beendet, so daß noch bis 30 Minuten nach der Übung die nun gar nicht mehr erwartete Wärmeempfindung auftreten kann.

Ein Vorbote des Wärmegefühls ist auch ein Prickeln oder Kribbeln, so wie man es empfindet, wenn man die kalten Hände zu schnell aufwärmt. Treten statt eines Wärmegefühls nur diese Empfindungen auf, so kann man sicher sein, daß sich bei einer der nächsten Übungen auch ein ausgeprägtes Wärmegefühl einstellen wird.

7. Die Atemübung

Die Aufgabe dieser Übung besteht darin, den Eigenrhythmus der Atmung zu spüren und wirken zu lassen. Die Formel lautet: »Atem ruhig und regelmäßig«. Dabei hilft es, in sich hineinzuhorchen und wahrzunehmen, daß der Atem ganz von selber regelmäßig geht. Wie zuvor beschrieben, spielen sich viele Vorgänge des Lebens als rhythmische Bewegungen ab.

Besonders deutlich ist das bei Atmung und Herzschlag. Es gibt aber auch viele Dinge außerhalb des Menschen, die sich rhythmisch bewegen. Dazu gehören eine Schaukel, das Pendel einer Uhr oder ein gleichmäßig sich bewegendes Boot. Mit diesen Vorgängen des Alltags hat jedes Kind schon einmal eine Erfahrung gemacht. Sie helfen, die Vorstellung zu verdeutlichen, daß die Atmung ein gleichmäßiger und selbsttägiger Vorgang ist.

Um die entspannende Wirkung der Atmung zu verstehen, sollten die Kinder auch die Vorgänge des Atemholens kennen.

Bei der Einatmung dehnt sich der Brustkorb und das Zwerchfell senkt sich. Durch die Vergrößerung des Raumes kann Luft einströmen, ähnlich wie Luft in eine Fahrradpumpe strömt, wenn man den Kolben zurückzieht. Die Einatmung ist also der aktive Teil der Atmung, bei dem eine Spannung entsteht. Darauf folgt die Ausatmung, die durch eine Entspannung der Atemmuskulatur zustande kommt. Brustkorb und Zwerchfell kehren in die Ruhelage zurück, und die Luft strömt aus. Dabei wird die vorher bestehende Anspannung wieder aufgehoben.

Atmung bedeutet einen regelmäßigen Wechsel zwischen Spannung und Entspannung. Nicht nur bei der Atmung, sondern bei jeder Tätigkeit müssen Spannung und Entspannung einander abwechseln. Beim Atmen läßt sich das besonders gut üben und beobachten. [34] Das Gleichmaß der Atmung überträgt sich auf andere Organe, so wie sich die Entspannung eines Muskels auf andere Muskeln überträgt. Auch im Joga hat der Atem eine besondere Bedeutung. Er ist eine Art Lebenskraft, die alle Organe und schließlich auch den ganzen Menschen beeinflußt.

Die Verbindung zwischen Atmen und der Seelenlage zeigen auch Erfahrungen des täglichen Lebens. Bei großer Spannung hält man die Luft an oder »es bleibt einem glatt die Luft weg«. Ist etwas Unangenehmes an einem vorübergegangen, kann man wieder »aufatmen«. Dabei wird wiederum deutlich, daß Einatmen mit Spannung, Ausatmung mit Entspannung verbunden ist.

Schwierigkeiten können bei dieser Übung dann auftreten, wenn sich die Kinder plötzlich ihrer Atmung bewußt werden und diese zu steuern versuchen. Auch Kinder, die schon einmal eine atemgymnastische Behandlung hatten, können die Übung als eine Einladung zu einer aktiven Gestaltung des Atems mißverstehen. Darum muß betont werden, daß die Atemübung im autogenen Training nur dazu dient, den schon vorhandenen Atemrhythmus zu verstärken und wahrzunehmen.

Häufig stellt sich schon während der vorangehenden Übung eine ruhige und vertiefte Atmung ein. Auch daran wird deutlich, daß der Entspannungszustand alle Organe beeinflußt, auch ohne daß sich der Übende dessen bewußt ist.

Eine besondere Variante der Atemübung ist das »Hineinatmen« in ein Organ oder eine Körperregion. Damit kann man bestimmte Gebiete des Körpers gezielt durchbluten. Wer nach der Wärmeübung immer noch kalte Füße hat, kann sich vorstellen, bei der Ausatmung bis tief in seine Füße zu atmen. Jeder Atemzug bringt eine Welle von Wärme in die Füße. Natürlich entspricht diese Vorstellung nicht den tatsächlichen Vorgängen beim Atmen, sie ist aber sehr wirksam. Psychosomatisch wird durch eine solche Vorstellung ein durch die Wärmeübung eingeleiteter Prozeß verstärkt, wonach sich die Arterien weiten und warmes Blut fließen lassen.

An alle Stellen des Körpers kann man auf diese Art Wärme bringen, zum Beispiel in den Bauch bei Bauchkrämpfen oder in den Schulternackenbereich bzw. Rücken bei Muskelverspannungen.

Mit Hilfe das Atems läßt sich auch eine sogenannte Kurzübung des autogenen Trainings machen. Man atmet mehrfach hintereinander langsam und ruhig aus, wobei man am ganzen Körper Wärme und Entspannung spürt.

Diese Übung kann dann angewandt werden, wenn es keine Gelegenheit zum richtigen Üben gibt, z. B. vor einer Klassenarbeit oder im Zusammensein mit anderen. Statt die Augen zu schließen, kann ein Punkt in der Ferne fixiert werden. Man schaut dabei ins Leere, ohne daß andere es bemerken, und hat auf diese Weise eine ähnliche Wirkung wie mit geschlossenen Augen. Die Kurzübung ersetzt zwar nicht eine vollständige Übung, aber sie hilft, sich in kurzer Zeit zu entspannen und Kräfte zu gewinnen – und das um so mehr, je besser das übende Kind die Methode des autogenen Trainings beherrscht.

8. Herzübung

Ähnlich wie bei der Atemübung geht es auch bei dieser Übung darum, den Eigenrhythmus des Herzens wahrzunehmen und zu verstärken. Die Formel heißt: »Herz schlägt ruhig und regelmäßig« oder »Herz schlägt ruhig und kräftig«.

Vor der Übung legt jedes Kind die Hand auf das Herz, damit es weiß, wo es sein Herz spüren kann. Da der Herzschlag als Pulswelle in alle Arterien des Körpers geleitet wird, ist er auch als Pulsschlag wahrnehmbar. Die Kinder kennen oft verschiedene Stellen, an denen man den Puls tasten kann: am Handgelenk, am Hals, in der Ellenbeuge und am Fußrücken.

Während der Übung geht es darum, den Herzschlag oder den Puls zu spüren. Wenn das nicht gelingt, dann können die Kinder während der Herzübung auch einmal die Hand auf die Stelle des Herzens legen. Das sollte aber nicht dauernd geschehen, da die Bewegung des Armes die Muskelentspannung stört.

Schwierigkeiten können, ähnlich wie bei der Atemübung, dann auftreten, wenn jemand sich zu sehr auf die ihm vorher nicht bewußte Herztätigkeit konzentriert. Dann kann vorübergehend Herzklopfen auftreten. Diese harmlose Störung verschwindet von selbst, wenn man ihr keine weitere Beachtung schenkt.

Die Herzübung führt zu einer ruhigen Herztätigkeit und wirkt kreislaufstabilisierend. Bei Kindern mit niedrigem Blutdruck (Hypotonus) verschwinden die typischen Beschwerden wie Schwindel, Schwarzwerden vor den Augen beim Aufstehen und Müdigkeit. Bei Kindern mit Hypotonus sollte die Formel »Ruhig und kräftig« gewählt werden, während für nervöse Kinder die Formel »Ruhig und gleichmäßig« besser ist. Ähnlich wie bei der Atemübung kommt es darauf an, eine passive Haltung gegenüber der Eigentätigkeit des Herzens einzunehmen.

Während die Atmung noch teilweise dem Willen unterliegt, entzieht sich das Herz, wie alle inneren Organe, ganz dem Einfluß des Willens. Es reagiert aber stark auf körperliche und seelische Beeinflussung. Wenn man schnell läuft, oder aber auch, wenn man sich aufregt, freut oder ängstigt, bekommt man Herzklopfen. Das Herz »schlägt einem bis zum Halse«, das Herz »bleibt vor Schreck stehen« oder »es fällt einem ein Stein vom Herzen«. Gerade weil man die Herztätigkeit nicht bewußt beeinflussen, wohl aber beobachten kann, wird an ihr der Zusammenhang zwischen Körper und Seele besonders deutlich.

Dieser Zusammenhang besteht auch für andere innere Organe. Anders als das Herz arbeiten sie aber gewöhnlich unbemerkt. Sie sind nur wahrnehmbar, wenn ihre Funktion gestört ist. Mit diesen Besonderheiten mag es zusammenhängen, daß das Herz als Inbegriff für die Mitte oder das Wesen eines Menschen gilt.

Abschließend sollte noch darauf hingewiesen werden, daß die Herzübung nicht gefährlich ist, weder für Gesunde noch für Herzkranke. Es ist nicht möglich, den Herzschlag über das normale Maß hinaus zu verlangsamen oder gar einen Herzstillstand hervorzurufen. Das autogene Training zielt immer darauf hin, die Körperfunktion zu harmonisieren, nicht aber eine extreme Wirkung hervorzurufen. Zur Beurteilung der Wirkung ist es wichtig zu wissen, daß die Pulsfrequenz eines Kindes höher liegt als die eines Erwachsenen. Für einen Erwachsenen gelten 60 bis 80 Schläge pro Minute als normal, während beim Schulkind die Frequenz, abhängig vom Alter, 75–90 Schläge pro Minute beträgt.

9. Bauchübung

Bei dieser Übung kommt es darauf an, im Bauchraum ein Gefühl von Wärme hervorzurufen. Die Formel heißt: »Bauch ganz warm« oder »Bauch strömend warm«. Nach der ursprünglichen Formulierung von Schultz war diese Übung nach dem sogenannten Sonnengeflecht benannt und die Formel hieß dementsprechend »Sonnengeflecht warm«. Das Sonnengegeflecht ist ein Nervenzentrum, das sich im Oberbauch zwischen Magen und Wirbelsäule befindet. Es handelt sich um mehrere, netzartig verzweigte Ansammlungen von Nervenzellen, die in ihrer Gesamtheit die Aufgabe haben, die Baucheingeweide zu steuern. Wegen der strahlenförmig nach außen strebenden Nervenfasern entstand der Name Sonnengeflecht.

Zu den Organen, die durch das Sonnengeflecht gesteuert werden, gehören Magen, Darm, Leber, Bauchspeicheldrüse, Milz, Nieren und Nebennieren.

Da der Begriff des Sonnengeflechtes den meisten

Abb. 3 Darstellung des menschlichen Körpers im Alter von drei (links) und von sieben Jahren.

Menschen ganz unbekannt ist, ist es besser, ihn durch ein anderes Wort, etwa »Leibmitte« zu ersetzen. Für Kinder ist es noch einfacher, schlicht »Bauch« zu sagen. Denn der Bauch ist im Körperschema der Kinder ein besonders großes einheitliches Organ (vgl. Abb. 3). Da sich bei Kindern Unwohlsein häufig in Bauchschmerzen äußert, haben die Kinder zu dieser Körpergegend eine intensive Beziehung.

Wenn auch der Begriff »Sonnengeflecht« nicht gebraucht wird, so sollte die Wärme etwa in dem Bereich realisiert werden, in dem sich das Sonnengeflecht befindet. Um den richtigen Ort zu finden, legt man die Hand oberhalb des Bauchnabels auf, und versucht, von diesem Punkt ausgehend, sich in der Tiefe Wärme vorzustellen.

Wie bei allen Übungen wird das Vorstellungsvermögen durch Erfahrungen unterstützt. Jedes Kind kennt das angenehme Gefühl eines warmen Bauchs vom Sonnen am Strand, von einem feuchtwarmen Bauchwickel, einem Heizkissen oder einer Wärmflasche. Auch die Vorstellung, etwas Heißes zu trinken, unterstützt die Bauchübung. Dabei ist es aber wichtig, sich angenehme Wärme vorzustellen und nicht etwa Hitze, im Sinne von Verbrennen.

Hat das Kind die Wärmequelle in der Leibmitte entdeckt, kann es in Gedanken die Wärme nach allen Seiten, also nach oben, unten, rechts und links ausstrahlen lassen. Dabei führt der Zusatz »strömend warm« zu einer Intensivierung des Wärmeempfindens. Die Bauchatmung kann auch dadurch unterstützt werden, daß man in den Bauch »hineinatmet«. Wie schon bei der Atemübung beschrieben, lenkt man dabei in Gedanken die Ausatmung in den Bauch und stellt sich vor, daß jeder Atemzug Wärme in den Bauch bringt.

Daß viele Affekte im Bauch verarbeitet werden, wissen oft auch schon Kinder. Auch die Umgangssprache gibt darüber Auskunft, wenn es heißt, daß jemandem etwas auf »den Magen schlägt«, daß man etwas »zum Kotzen« findet, daß jemand »sauer reagiert« oder daß man etwas »nicht schlucken oder verdauen« kann.

Die Übung führt zu einer besseren Durchblutung der Bauchorgane. Sie normalisiert die Peristaltik und beeinflußt die Produktion der Verdauungssäfte.

Die Bauchübung hat eine gute, allgemein entspannende Wirkung. Sie ist auch bei allen Beschwerden von seiten des Verdauungstraktes angebracht. Sie hat dieselbe Wirkung wie krampflösende Medikamente, deren Wirkung sie unterstützen oder auch ersetzen kann.

10. Gesichtsübung

Die Gesichtsübung soll ein Gefühl von Frische und Leichtigkeit im Kopf hervorrufen und zugleich zur Entspannung der Gesichtsmuskulatur führen.

Die Formel lautet: »Stirn kühl – Gesicht locker und entspannt.« Die Stirn ist der einzige Ort, an dem beim autogenen Training nicht Wärme, sondern vielmehr Kühle gewünscht ist. Eine warme Stirn tritt auf bei Fieber, Kopfschmerzen oder Unwohlsein. Mit einem warmen Kopf kann man nicht denken. Wenn man von geistiger Arbeit ermüdet ist, »raucht einem der Kopf«. Im Gegensatz dazu bewahren Menschen, die überlegt handeln, einen »kühlen Kopf«, und heute bezeichnet man jemanden, der lässig und überlegen an eine Situation herangeht, als »cool«.

Die Vorstellung von Stirnkühle wird lebendig, wenn man daran denkt, daß im Sommer ein kühler Lufthauch über die Stirn streicht. Andere Vorstellungen von Stirnkühle sind ein kaltes Tuch, ein Erfrischungsstift oder eine kühle Hand auf der Stirn.

Auch hier kommt es wieder darauf an, ein angenehmes Gefühl hervorzurufen. Denn ein ausgesprochenes

Kältegefühl kann zu Kopfschmerzen führen, ähnlich wie wenn man in strengem Winter ohne Mütze ins Freie geht. Um die Vorstellung in die richtige Richtung zu lenken, kann man auch formulieren: »Stirn kühl wie ein Hauch« oder »Stirn angenehm kühl«.

Der zweite Teil der Übung – »Gesicht locker und entspannt« – bezieht sich auf die Gesichtsmuskulatur. Im Bereich des Gesichts befinden sich viele kleine Muskelpartien, z. B. die Ringmuskeln um Auge und Mund, die Muskeln von Stirn und Wangen und die Kaumuskulatur. Hier ist die Verbindung zwischen Gemütszustand und Muskeltätigkeit so eng wie an keiner anderen Stelle des Körpers. Aus dem Zusammenspiel dieser Muskeln entsteht die Mimik, aus der man sehr deutlich die Gedanken und Gefühle eines anderen Menschen ablesen kann.

Können Affekte wie Zorn, Trauer oder Freude die Mimik beeinflussen, so kann umgekehrt eine Entspannung der mimischen Muskeln einen ausgeglichenen Seelenzustand hervorrufen. Etwas Ähnliches geschieht auch, wenn man ein Kind streichelt. Durch das Streicheln wird die Muskulatur entspannt, und damit zugleich die Seele. Das Streicheln gehört zu den ältesten Ausdrucksformen der Körpersprache.

Eine innere Verspannung zeigt sich, wenn jemand verkniffen ist. Auch das »Zähne zusammenbeißen« ist eine Art von Verkrampfung, die auftritt, wenn man einer Situation nicht locker und optimistisch entgegentritt.

Bei Kindern ist das Gesicht in der Regel viel weniger

verspannt als bei Erwachsenen, da sie in ihrem ganzen Wesen noch unverkrampft sind und sich weniger verstellen. In besonderen Situationen beginnen Kinder manchmal zu grimassieren, oder sie entwickeln sogenannte Tics. Auch gibt es Kinder, die nachts mit den Zähnen knirschen, sozusagen die Zähne zusammenbeißen.

Abgesehen von dem allgemeinen Beitrag zur Entspannung ist die Gesichtsübung besonders wertvoll bei den oben genannten Störungen und für Kinder, die unter häufigen Kopfschmerzen leiden.

11. Der Vorsatz

Die sechs Übungen des autogenen Trainings führen zu einem Entspannungszustand, der die spontane Besserung zahlreicher Beschwerden bewirkt.

So berichtete ein 13jähriges Mädchen von einer spontanen Besserung ihrer Schuppenflechte (Psoriasis). Sie hatte sich wegen anderer Beschwerden zum Kurs angemeldet und wußte bis dahin noch nicht, daß das autogene Training auch bei Erkrankungen der Haut wirksam ist.

Ein siebenjähriger Junge machte den Kurs wegen nächtlich auftretender Alpträume. Bereits nach dem Erlernen der Schwereübung verschwanden die bedrükkenden Träume und das Kind war auch tagsüber ruhiger.

Über eine solche spontane Besserung von Beschwerden hinaus ist es möglich, durch selbst gewählte Formeln, sogenannte Vorsätze, Störungen gezielt zu beeinflussen.

Unter einem Vorsatz versteht man gewöhnlich die Absicht, etwas Bestimmtes zu tun, irgendeine Verhaltensweise aufzugeben oder zu ändern. So kann man den Vorsatz fassen, ordentlicher zu sein, in bestimmten Situationen mutiger aufzutreten oder eine schlechte Gewohnheit, wie das Kauen von Fingernägeln, zu unterlassen. Auch ein ernsthaft gemeinter Vorsatz hält sich auf die Dauer nicht, wenn er nur mit dem Willen gefaßt wurde. Denn unsere Verhaltensweisen werden auch durch unbewußte Impulse beeinflußt und sind daher allein mit dem Verstand nicht zu steuern.

Mit Hilfe des autogenen Trainings ist es möglich, einen Vorsatz tiefer als nur in der bewußten Ebene zu verankern. Im Entspannungszustand können bekanntlich tiefere Schichten des Bewußtseins erreicht werden. Daher haben Vorsätze, die im Entspannungszustand eingegeben werden, eine ganz andere Wirkung, als wenn sie im Wachzustand und nur mit Hilfe des Willens gefaßt werden.

Erinnern wir uns daran, daß ein Patient in Hypnose eine Aufforderung verstehen kann und diese nach Beendigung der Hypnose ganz selbstverständlich ausführt. In ähnlicher Weise wirkt der Vorsatz des autogenen Trainings. Nur tritt die Wirkung langsamer ein und muß durch stetes Training verstärkt werden. Genau wie bei allen anderen Übungen des autogenen Trainings wirkt der Vorsatz um so besser, je länger man ihn trainiert hat. Der Unterschied zwischen einem Alltagsvorsatz und dem Vorsatz im autogenen Training wird an folgendem Bild deutlich: Der Vorsatz des autogenen Trainings ist wie ein Dieb, der sich nachts durch den Keller einschleicht und am Morgen das Haus als Hausherr verkleidet verläßt.

Nach diesem Bild schleicht sich der Vorsatz durch eine geistige Hintertür, d. h. durch die Situation der Entspannungsübung ein. Er kommt nicht durch den offiziellen Eingang, das wache Bewußtsein, sondern er tritt zunächst in das Reich des Unterbewußten. Von dort arbeitet er sich auf die Ebene des Bewußten vor. Er ergreift so sehr Besitz von der Person des Trainierenden, daß diese die Inhalte des Vorsatzes als eine scheinbar souveräne Handlung ausführt.

Diesen Gedanken soll ein Beispiel veranschaulichen. Wenn man Kinder wegen einer störenden Angewohnheit, z. B. starker Bewegungsunruhe, ermahnt, so führt das nur höchst selten zum gewünschten Erfolg. Das liegt nicht daran, daß die Kinder keinen guten Willen hätten, sondern daran, daß man mit dem Willen allein eine eingefahrene Verhaltensweise nicht ändern kann. Läßt man hingegen die Kinder im Anschluß an das autogene Training mit einer speziellen Formel üben, z. B. »Ich bin still, weil ich es will«, so wird es den Kindern möglich, allmählich Kontrolle über ihre Bewegungen zu bekommen.

Ein neunjähriger, als hyperaktiv eingestufter Junge mit mäßigen Schulleistungen war nach einem Jahr autogenen Trainings so weit, daß er sich in der Gruppe ganz normal verhielt. Nach einem weiteren Jahr besserten sich seine Schulleistungen so weit, daß er in seiner Klasse ein guter Schüler war. Solche Wirkungen kann man nicht allein durch Ermahnungen und Appelle erzielen.

Nachstehend sollen einige gebräuchliche Vorsätze aufgeführt werden. Sie geben Beispiele dafür, wie ein Vorsatz formuliert sein kann, und zeigen zugleich, welche Anwendungsmöglichkeiten es gibt.

Genauso wichtig wie solche Mustervorsätze zu kennen, ist es aber zu wissen, wie man für den eigenen Fall einen Vorsatz formulieren kann. Dazu gehört die Kenntnis der Anwendungsbereiche und einiger formaler Regeln. Einen Vorsatz kann also jeder für sich selbst finden, wenn dabei folgende Grundsätze beachtet werden:

1. *Kurze und prägnante Formulierungen*
   Immer ruhig, Ru-he, inhalieren hilft usw. Gereimte Vorsätze prägen sich gut ein, wie z. B. »Ich bin still, weil ich es will« oder »Nur Mut, Mathe wird gut«. Der Reim sollte aber nicht zu lang sein.

2. *Keine Verneinungen*
   Verbote ziehen an. Sagt sich ein Kind: »Nicht mehr Daumen lutschen«, wird es an seine Lieblingsgewohnheit erinnert und damit wächst zugleich der Widerstand gegen das Verbot. Ein Widerstand führt immer zu einer Verspannung, und diese steht der Verwirklichung des Vorsatzes entgegen.[35] Statt des

Verbotes ist es besser, irgendeinen Anreiz für gleichgültig zu erklären. So kann man z. B. sagen: »Daumen lutschen gleichgültig«, »Erröten gleichgültig« oder »Schokolade (oder jedes andere Nahrungsmittel, das im Rahmen einer Diät vermieden werden soll) gleichgültig«. – Die Vermeidung von Widerständen und die Ablenkung des Willens auf andere, erlaubte Ziele ist übrigens ein allgemeines Prinzip der Erziehung (Dreikurs).

3. *Identifikation mit dem Vorsatz*

Ein Vorsatz hat nur dann Wirkung, wenn er vom Übenden ernsthaft bejaht wird. Darum kann man einem Kind einen Vorsatz nicht einfach vorschreiben. Am besten ist es, das Kind zu fragen, welche Verbesserungen es wünscht und wie es sich diese vorstellt. Nicht immer hat das Kind dieselben Prioritäten wie die Eltern. So kann es sein, daß das Kind autogenes Training betreiben soll, um mit einem heftig juckenden Ekzem besser fertig zu werden. Das Kind aber möchte sich – und das kommt häufig vor – mit Hilfe des Vorsatzes in der Schule verbessern.

Häufig hilft es, wenn man die verschiedenen Wünsche in einer Rangliste ordnet und gemeinsam mit dem Kind überlegt, welcher nun der wichtigste sei. Wenn das Kind anders entscheidet, als es nach objektiver Betrachtung sinnvoll erscheint, sollte man es gewähren lassen. Denn die Besserung auf einem Gebiet bringt häufig die Besserung auf einem anderen Gebiet mit sich, ohne daß ein Zusammenhang erkennbar wäre. Grundsätzlich sollte aber nur mit einem Vorsatz in einem bestimmten Zeitraum geübt werden, und zwar über mehrere Wochen. Nur so zwingt man sich, an der Verwirklichung des Vorsatzes zu arbeiten und auch das Verhalten außerhalb der Übungen darauf abzustimmen. [36]

4. *Erreichbare Ziele*
Mit einem Vorsatz kann man eine Besserung im Rahmen des Möglichen erreichen, aber keine Wunder vollbringen. Körperliche Grundbedingungen, wie angeborene Fehlbildungen oder Verletzungen, kann man ebensowenig ändern wie geistige. Auch durch langes Üben wird niemand musikalischer oder intelligenter.

Die fast unglaublichen Leistungen Lindemanns bei der Atlantiküberquerung zeigen jedoch, daß es große Reserven in der Leistungsfähigkeit gibt, die man mit Hilfe von Vorsätzen mobilisieren kann. Hätte die Reise Lindemanns aber doppelt so lange gedauert, hätte er schwimmen oder fliegen wollen, so wäre das auch bei noch so gutem Training nicht möglich gewesen.

Es ist prinzipiell erreichbar, daß Asthmaanfälle seltener werden, milder verlaufen oder ganz aufhören. Ebenso ist erreichbar, um ein anderes Beispiel zu nennen, daß die Quote der Rechtschreib- und Rechenfehler durch bessere Konzentration deutlich gesenkt wird. Aber auch im Rahmen solcher grundsätzlich erreichbaren Ziele sollte man sich mit einem Vorsatz nicht unter Leistungsdruck stellen.

Zunächst reicht es, daß der Asthmaanfall weniger stark verläuft oder daß die Fehlerzahl zurückgegangen ist. Ist erst einmal ein Erfolg eingetreten, so fühlt sich das Kind ermutigt und wird von selbst neue Erfolge anstreben. Auch beim autogenen Training gilt, daß nichts erfolgreicher macht als der Erfolg.

Im folgenden sollen Beispiele für Vorsätze gegeben werden, die die Formulierungsweise und die Vielzahl der Anwendungsmöglichkeiten verdeutlichen.[37]

Alltagsschwierigkeiten

Nägel im Mund – ungesund.
Nach dem Essen tu ich fein meine Klammer wieder rein (gemeint ist die Zahnklammer).
Aufstehen sofort – pünktlich am Ort.

Konzentrationsstörung

Nicht ablenken, nachdenken.
Ich bin still, weil ich es will.
Bin ich konzentriert, geht es wie geschmiert.

Schule

Rechtschreiben wichtig, dann mach ich es richtig.
Komm ich in die Klasse rein, soll das Schulgefühl besser sein.
Mathe macht Spaß und gelingt.
Ich sehe mein Ziel, ich arbeite viel.

Sport
Habe ich Mut, geht es gut.
Ich weiß was ich kann und fange gleich an.

Asthma
Richtig schnaufen, besser laufen.

Heuschnupfen
Nase frei, Luft genug.

Verdauungsbeschwerden
Der Magen nimmt die Speisen an, damit ich ruhig essen kann.

Ekzem
Haut ist kühl, gutes Gefühl.

Schmerzen
Die Schmerzen sind fort.

Stottern
Sprechen ist schön, mich kann jeder verstehn.
Jedes Wort kommt sofort.
Erst denken, dann sprechen.

Den Vorsatz sagt, bzw. denkt man sich im Anschluß an die vorangegangene Übung. Wenn man die Übung vorspricht, kann man den Kindern auch sagen: »Dreimal an den Vorsatz denken«. Das verhindert, daß sie im Übereifer die Formel unzählige Male vor sich hinmurmeln. Es ist wichtig, den Kindern klarzumachen, daß nicht häufiges Aufsagen, sondern die Konzentration auf den Inhalt zum Erfolg führt.

Es ist manchmal eine Hilfe, wenn sich die Kinder die Formel aufschreiben und ausmalen. Zuweilen möchten sie die Formel gegenüber Familienmitgliedern und Freunden geheimhalten. Diesen Wunsch sollte man respektieren. Denn etwas Geheimes übt in der Vorstellung von Kindern eine besondere Zauberwirkung aus.

Wenn die Eltern den Inhalt des Vorsatzes kennen, so ist eine beiläufige Bemerkung über einen damit erzielten Fortschritt immer hilfreich.

Generell sollte man davon ausgehen, daß jeder Mensch, auch ein Kind, das, was für ihn wichtig ist, ohne Hilfsmittel behalten kann. Deshalb sollten sich die Kinder von Anfang an daran gewöhnen, ohne schriftliche Hilfen das ganze Programm des autogenen Trainings sozusagen im Schlaf zu können.

Für das autogene Training braucht man nur sich selbst und keine zusätzlichen Arbeitsmittel. Das ist ein wichtiger Unterschied zur Schule und anderen Betätigungen in der Freizeit. Einige Hilfsmittel, die das Üben zu Hause unterstützen, sind im Anhang aufgeführt.

12. Der Pendelversuch

Der Pendelversuch ist keine eigene Übung, sondern ein kleines Experiment, das die Wirkung von Suggestionen demonstriert. Am Anfang des Kurses, aber auch im fortgeschrittenen Stadium, hilft er, die Wirkungsweise des autogenen Trainings zu verdeutlichen. Die Kinder machen diesen Versuch gern und führen ihn auch zu Hause vor.

Beim Pendelversuch sitzen die Kinder auf einem Stuhl, wobei der Arm mit dem Ellenbogen auf dem Knie abgestützt wird. Zwischen Daumen und Zeigefinger wird ein Faden gefaßt, an dem ein schwerer Gegenstand, z. B. ein Ring oder ein Schlüssel, hängt (vgl. Abb. 4).

Das Kind stellt sich die Bewegung vor, die das Pendel machen soll: vor und zurück, von einer Seite zur anderen oder im Kreis. Dabei kommt es darauf an, den Arm nicht bewußt zu bewegen, sondern nur die Gedanken auf die gewünschte Bewegung zu lenken. Diese stellt sich nach kurzer Zeit ein. Zunächst sind die Ausschläge fast unmerklich. Je mehr man aber übt, desto deutlicher werden sie.

Dieses Experiment macht naturgemäß Freude – wie alles, was sich bewegt. Wichtig daran ist aber die Deutung. Denn was der Pendelversuch zeigt, gilt auch für alle Übungen des autogenen Trainings:

- Vorstellungen haben die Tendenz, sich zu verwirklichen. Die intensive Vorstellung einer Kreisbewegung führt dazu, daß sich das Pendel auch wirklich im Kreis bewegt. Die Vorstellung von Körperschwere, freier Atmung oder klarem Kopf verwirklicht sich ebenso.

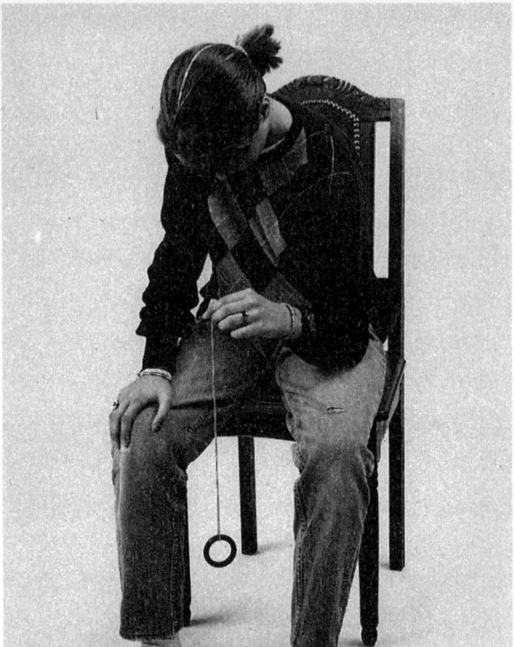

Abb. 4 Die Sitzhaltung beim Pendelversuch.

- Suggestionen regen die Vorgänge an, die zu ihrer Verwirklichung erforderlich sind. Suggestionen bewirken aber keine Wunder. Beim Pendelversuch werden bei dem Übenden, der den Auftrag hat, den Arm ruhig zu halten, unbewußt kleine Muskelbewegungen ausgelöst. Auf entsprechende Weise kommt es bei der Wärmeübung zur Erweiterung der Blutgefäße oder bei dem Vorsatz »Ruhe« zu Veränderungen im zentralen Nervensystem.

- Kleine Erfolge sind wichtig. Häufig ist die erste Bewegung des Pendels minimal. Zunächst kommt es für das Kind darauf an, zu merken, daß es das Pendel beeinflussen kann. Dann ist es nicht mehr schwer, die Wirkung so zu verstärken, daß sie deutlich erkennbar ist. (Ebenso kommt es bei den Übungen darauf an, überhaupt etwas zu spüren, auch wenn es z. B. beim Wärmegefühl nur ein leichtes Kribbeln ist. Die Intensität nimmt mit jeder Wiederholung zu.)

- Der Übungserfolg hängt von der Konzentration ab. Sobald die Konzentration nachläßt, »tut« auch das Pendel nichts mehr. Die Kinder beobachten oft selbst bei der Übung, daß das Gefühl von Schwere oder Stirnkühle kommt und geht. Das Schwanken des Übungserfolges zeigt deutlich das Schwanken der Konzentration. Am Pendelversuch läßt sich demonstrieren, daß nicht nur die Erfolge innerhalb des autogenen Trainings, sondern auch andere Leistungen unmittelbar mit der Konzentration zusammenhängen.

III.

Die Anwendung des autogenen Trainings

1. Das Streßkonzept

Streß ist die Ursache vieler unterschiedlicher Störungen. Er kann Krankheiten hervorrufen, zu Störungen des Verhaltens führen und die geistigen Fähigkeiten beeinträchtigen. Das autogene Training ist eine Methode zur Streßbewältigung, d. h. zur Vermeidung der schädlichen Folgen von Streß. Wenn man sich schon die Mühe macht, das autogene Training zu lernen, so sollte es zugleich ein Anliegen sein, Streß aus dem Umfeld des eigenen Lebens oder dem Lebensbereich des Kindes so weit wie möglich fernzuhalten. Denn das autogene Training ist keine gymnastische Übung, die ohne eine innere Beteiligung ausgeübt werden kann – so, als könnte die Wirkung ebenso automatisch eintreten wie beispielsweise nach der Einnahme eines Medikaments.

Die Erfahrungen des autogenen Trainings sollen dazu anregen, die eigene Situation im Hinblick auf Streßfaktoren sorgfältiger zu beleuchten. Es gibt kein Kind und keine Familie, bei der in dieser Hinsicht nicht etwas zu verbessern wäre.

Dazu ist es nötig, sich mit dem Streßbegriff näher vertraut zu machen. Streß ist heute ein Begriff unserer Umgangssprache. Er wird verwendet, wenn man eine vom Normalzustand abweichende starke Belastung kennzeichnen will. Verkehrslärm ist in diesem Sinne ebenso Streß wie das Einkaufen in überfüllten Läden oder zu häufige Termine in der Freizeit auch schon bei Kindern. Was als Streß empfunden wird, ist natürlich auch eine Frage der persönlichen Wertung. So schwingt in dem Gebrauch des Wortes Streß auch häufig Selbstmitleid mit, wenn beispielsweise Urlaubsvorbereitungen als Streß bezeichnet werden, obwohl sie lediglich arbeitsaufwendig oder mühsam sind.

Der Gebrauch des Modewortes Streß spiegelt aber auch in seiner oberflächlichen Verwendung wider, daß die von Selye entwickelte Streßtheorie Eingang in das allgemeine Bewußtsein gefunden hat.[38] Ursprünglich stammt der Begriff Streß aus dem Gebiet der Physik und bedeutet so viel wie »gewaltsame Einwirkung«. Selye ging davon aus, daß bei jeder schädlichen Einwirkung auf den Organismus neben einer spezifischen Kraft stets auch eine unspezifische wirksam sei. Diese unspezifische Kraft, die beim Menschen immer das gleiche Reaktionsmuster hervorruft, nennt Selye »Streß«, die körperliche Antwort darauf »Streßreaktion«.

Ganz gleich, ob jemand vor einer Gefahr flieht, eine große körperliche Anstrengung bewältigt oder auch nur Angst vor einer bestimmten Situation hat – es läuft ein Reaktionsmuster ab, das zu bestimmten körperlichen oder auch seelischen Veränderungen führt. An der Umsetzung der Streßreaktion sind höhere Hirnzentren, die Hirnanhangsdrüse, verschiedene Hormondrüsen, darunter besonders die Nebennierenrinde und das Nebennierenmark, sowie das vegetative Nervensystem beteiligt.

Die körperliche Reaktion auf Streß unterteilte Selye in drei Phasen: In der Alarmphase steigen Blutdruck und Körpertemperatur und es treten Veränderungen des Blutbildes auf. Diese Veränderungen kann man leicht beobachten. Auf einen Schreck hin klopft das Herz schneller und man fühlt sich – oft zum eigenen Erstaunen – in der Lage, blitzschnell zu reagieren.

Die zweite Phase, die sog. Abwehrphase, stellt die längerfristige Auseinandersetzung mit dem Streßauslöser dar. Die Nebennierenrindenhormone halten Wasser und Natrium im Körper zurück. Das führt zunächst einmal zu einer Stabilisierung des Kreislaufs und damit zu größerer körperlicher Leistungsfähigkeit. Dieser Mechanismus macht aber auch deutlich, warum fortgesetzter Streß zu einer Entstehung von Hypertonus (Bluthochdruck) führen kann. Zur Bereitstellung von Energie wird – ebenfalls unter dem Einfluß von Nebennierenrindenhormonen – gespeicherte Glukose freigesetzt. Auch dieser Vorgang erhöht die körperliche Leistungsfähigkeit unter Streß. Bei Diabetikern führt dieser Ablauf aber zu einer Entgleisung des Blutzuckerspiegels, der vielmehr einen Leistungsabfall nach sich zieht. Eine im gesunden Körper zweckmäßige Reaktion kann sich also beim Kranken schwächend auf den Organismus auswirken.

Wirkt der Streß länger und reichen die Reserven an Glukose nicht aus, wird der Energievorrat aus dem Abbau von Fett gedeckt. Daher kann länger andauernder Streß zu einer Gewichtsabnahme führen.[39]

Das dritte Stadium ist die Reparationsphase. In ihr treten gegenläufige Reaktionen zu den beiden ersten Stadien auf, so daß der Körper wieder in den Normalzustand zurückkehrt.

Selye faßte die Streßreaktion als eine natürliche Anpassung des Organismus an besondere Belastungen auf. Er bezeichnete sie als Adaptionssyndrom (daher auch der Titel seines grundlegenden Buches).

Nach Selye muß man das Adaptionssyndrom als ein Reaktionsmuster betrachten, das für das Überleben des Menschen von Vorteil ist. Man kann sich vorstellen, daß irgendwann in der Frühzeit der Stammesentwicklung die Fähigkeit erworben wurde, auf Kampf oder Flucht mit einer raschen Bereitstellung körperlicher Energien zu reagieren. Es handelt sich dabei um verschiedene einzelne Reaktionen, die den gemeinsamen Zweck haben, die Schlagkraft im Augenblick zu erhöhen.

Stellt man sich das Leben unserer vorgeschichtlichen Ahnen vor, so leuchtet es ein, daß in Situationen des Kampfes, der Jagd, der Flucht, aber auch beim Erleiden von Hunger und Kälte, ein System Vorteil bot, das die Anpassung allein mit körpereigenen Mitteln, ohne äußere technische Hilfen, erlaubte.

Die Streßreaktion ist den Reflexen vergleichbar, die auch eine rasche Reaktion zu Nutzen des Organismus darstellen. So bewirkt z. B. der Lidschlußreflex, daß das Auge sich vor Fremdkörpern schützt, bevor die Gefahr überhaupt bewußt wahrgenommen werden konnte.

Was in der Stammesentwicklung des Menschen ein Vorteil war, kann aber auch zu einem Nachteil werden. Denn neben Faktoren, die eine reale Bedrohung ausmachen, sind noch viele andere Reize als Streßfaktoren wirksam. Nicht nur die Situation von Kampf bedeutet Streß, sondern auch die Vorstellung davon, wie sie etwa in einem Fernsehfilm erzeugt wird.

In der echten Kampfsituation ist die Streßreaktion vorteilhaft, weil ja tatsächlich körperliche Energien benötigt werden. Doch auch wenn man sich den Kampf nur im Fernsehfilm ansieht, kommt es zu Blutdrucksteigerung, zur Freisetzung von Glukose und anderen Reaktionen des Stoffwechsels. Aber die körperliche Tätigkeit, die diese Energien normalerweise verbraucht und dabei den Streß abreagiert, findet nicht statt, was im Beispiel des Fernsehfilms besonders sinnfällig ist. Da Energie nicht verloren geht, muß sie andere Wege suchen. Sie kann in vielen kleinen, ziellosen Bewegungen, die dann motorische Unruhe genannt werden, Ausdruck finden; oder sie führt zu einer Verengung der Blutgefäße, die sich als Hochdruck äußert.

Die Streßreaktion, einmal angestoßen, läuft stereotyp, also stets gleichförmig ab. Ähnliches kennen wir von einer Alarmanlage. Ist der Alarm einmal ausgelöst, läuft das Programm automatisch ab und ist auch dann nicht mehr aufzuhalten, wenn es sich um einen Fehlalarm handelte. Ähnlich wird auch die Streßreaktion oft fehlerhaft ausgelöst. Die freigesetzten Energien verflüchtigen sich aber nicht einfach. Sie wirken im Organismus weiter und führen zu Funktionsstörungen, deren Zusammenhang mit dem Streßauslöser dem Betroffenen oft nicht bewußt ist.

Ein zwölfjähriges Mädchen befand sich wegen einer Muskelerkrankung in ärztlicher Behandlung. Die Diagnose einer seltenen Variante dieser Krankheit machte mehrere Krankenhausaufenthalte an verschiedenen Orten notwendig. Im Laufe der Zeit entwickelte das Mädchen einen Gesichtstic, d. h. unwillkürliches Grimmassieren, das vor allem in der Schule sehr auffiel. Offensichtlich hatte sich der Streß der vielen Untersuchungen auf diese Weise einen Weg gebahnt. Mit Hilfe des autogenen Trainings gelang es, den Gesichtstic vollständig zu beseitigen, obwohl die Grundkrankheit nach wie vor bestand.

Streß wirkt wie ein unterirdischer Strom, der unbemerkt unter der Oberfläche fließt und an irgendeiner Stelle nach außen bricht. Oft ist der Zusammenhang zwischen Ursache und Wirkung dann gar nicht mehr faßbar. So etwa, wenn jemand seinen im Geschäft heruntergeschluckten Ärger an seiner Familie ausläßt, also aus einem Grunde schimpft, der, vielleicht ihm selbst unbewußt, gar nicht der wirkliche Grund ist. Da die an sich zweckmäßige Streßreaktion sich nicht verändern läßt, auf der anderen Seite aber schädliche Auswirkungen durch Streß vermieden werden sollen, ist es wichtig, den auslösenden Faktoren mehr Beachtung zu schenken.

Die Bemühungen, Streß abzuwenden, müssen also bei der auslösenden Situation einsetzen. Zwei Möglichkeiten stehen uns zur Verfügung, die sich gegenseitig ergänzen:

1. Streßfaktoren aus dem eigenen Umfeld zu verbannen, bzw. die Einstellung zu bestimmten auslösenden Situationen zu verändern.

2. Autogenes Training als Methode zur Streßbewältigung einzusetzen.

Dazu sei ein kurzer Fall berichtet. Ein neunjähriger Junge war das jüngste von vier Geschwistern. Sein Vater hatte einen Betrieb, in dem auch die Mutter mitarbeitete. Seine drei Schwestern, die alle viel älter waren, arbeiteten ebenfalls oder standen in der Ausbildung. Das Kind konnte in der auf Erwachsene zugeschnittenen Familie nicht seinen Bedürfnissen entsprechend betreut werden. Am Nachmittag blieb es sich selbst überlassen. Der Junge war übergewichtig, hatte ein schweres Ekzem und war aggressiv.

Unter dem autogenen Training verschwand das Ekzem fast völlig, und er wurde in der Schule viel verträglicher. Als es aus Zeitgründen nicht mehr möglich war, ihn in den Kurs zu fahren, kehrten die Beschwerden mit unverminderter Heftigkeit zurück. In diesem Fall konnte das autogene Training die Wirkungen von Streß, nicht aber die Streßfaktoren bekämpfen.

Wären die Eltern in der Lage gewesen, den Tagesablauf so zu verändern, daß das Kind trotz Geschäfts- und Berufstätigkeit mehr Ruhe für sich und mehr Regelmäßigkeit gehabt hätte, so hätte der Erfolg dauerhaft sein können – oder das autogene Training wäre gar völlig überflüssig gewesen.

Es ist also festzuhalten, daß das autogene Training in jeder Situation, auch bei Fortbestehen der Streßfaktoren, wirken kann. Zugleich muß man betonen, daß das autogene Training immer auch Anlaß zur Gestaltung eines möglichst streßarmen Umfeldes geben soll. Die Streßfaktoren liegen bei einem Kind meist im häuslichen Bereich und in der Schule. Wenn ein Kind also Hilfe durch das autogene Training braucht, ist es die Aufgabe der beteiligten Erwachsenen – der Eltern, vielleicht auch der Lehrer – darüber nachzudenken, was in der Umgebung des Kindes zu geschehen hat, und welche Einstellungen verändert werden müssen, um Streßfaktoren auszuschalten oder ihre Wirkung zu mindern.

Nun könnte man den Einwand erheben, daß Streß auch notwendig sei. In der Tat wäre ein Leben ohne Anstrengungen oder Spannung langweilig. Ein Kind würde lebensuntüchtig, wollte man ihm etwa alle Schwierigkeiten aus dem Weg räumen. Streßfreiheit führt dann zu Leistungsschwächen.

Wenn jedoch in unserem Zusammenhang von Streßvermeidung gesprochen wird, dann sind solche Belastungen gemeint, mit denen das Kind nicht selbst fertig werden kann und die zu Störungen führen, die sich gleichsam verselbständigen. So ist beispielsweise eine Mathematikarbeit ein Streßfaktor, dessen Streßwirkungen sich als Angst, eingebildetes Unwohlsein usw. darstellen können. Der Streßfaktor (Mathematikarbeit) kann und soll nicht ausgeschaltet werden, wohl aber seine Auswirkungen.

Es ist auch keine Belastung, wenn ein Kind nach der Schule nachmittags noch einmal einen längeren Weg zum Sportplatz unternimmt, um bei einer Veranstaltung, die ihm wichtig ist, mitzumachen. Es wird abends müde sein und früh einschlafen. Steckt man das Kind statt dessen ins Auto, um es zu einem Besuch bei Freunden mitzunehmen und kehrt nach einigen Verkehrsstauungen abends verspätet zurück, dann ist das Kind zwar müde, aber zugleich auch »aufgedreht«. (In beiden Fällen sind die Kinder am Abend erschöpft.) Der Streß bei der zweiten Unternehmung kommt dadurch zustande, daß das Kind sich nicht genug bewegen konnte und daß es die Dauer der Unternehmung nicht seinen Kräften anpassen konnte.

Über Erwachsene kennt man Untersuchungen, die Auskunft über die Anpassungsleistungen geben, welche bei großen oder kleinen Veränderungen der Lebensumstände nötig sind. In einer Fragebogenaktion von Holmes und Rahe[40] hatten die Probanden die Aufgabe, die Anpassungsleistung, die bei bestimmten biographischen Ereignissen erforderlich ist, in Punkten zu bewerten, wobei 100 die größte, und Null die geringste Anpassungsleistung bezeichnet.

Ein Auszug aus der Tabelle, die insgesamt 43 lebensprägende Ereignisse, sogenannte *Life-Events*, enthält, soll den Gedanken verdeutlichen.

Biographisches Ereignis	Punktwert
1. Tod des Ehepartners	100
2. Scheidung	73
3. Eheliche Trennung	65
4. Heirat	50
5. Pension	45
6. Kündigung	45
7. Schwangerschaft	40
8. Geschäftliche Neuorietierung	39
9. Veränderung im finanziellen Status	38
10. Außergewöhnliche persönliche Erfolge	28
11. Veränderte Verantwortung bei der Arbeit	29
12. Veränderungen des Wohnsitzes	20
13. Veränderte Form der Erholung	19
14. Veränderung in kirchlichen Aktivitäten	19
15. Veränderte Häufigkeit der Auseinandersetzungen mit dem Ehepartner	35
16. Schwierigkeiten mit Verwandten	29
17. Veränderte Eßgewohnheiten	13
18. Ferien	13
19. Weihnachten	12
20. Kleinere Gesetzesübertretungen	11

Da die ermittelten Punktwerte von der subjektiven Einschätzung der Befragten abhängen, geben sie nicht ein exaktes Ergebnis wieder, wie man es bei einer Messung mit Hilfe von Instrumenten erhält. Interessant ist der Versuch als solcher, Streß zu quantifizieren. Dabei ist der Streß gerade so groß wie die Anpassungsleistung, die nötig ist, um eben diesen Streß zu verarbeiten – ähnlich wie ein überzogenes Konto nicht nur die Höhe der Schulden angibt, sondern zugleich den Betrag, der erforderlich ist, um das Konto auszugleichen.

Eine Untersuchung an einer »gesunden« Kontrollgruppe ergab, daß in einem Zeitraum von sechs Monaten eine mittlere Belastung von 80 Punkten besteht. Das zeigt, daß nicht das völlige Fehlen von Streß normal, also gesund ist, sondern eine mäßige Belastung. Weiter ergab die Untersuchung bestimmter Personengruppen, daß dem Ausbruch oder der Verschlechterung von Krankheiten ein Anstieg des Punktwertes vorausgegangen war. Selbst beim Auftreten von Knochenbrüchen, bei denen man eine psychische Verursachung nicht annimmt, konnte man nach Tollefson erhöhte Werte nachweisen. World fand heraus, daß beim Auftreten von kindlicher Leukämie häufig eine Krise in der Familie vorangegangen war.[41]

Für Kinder bestehen keine Untersuchungen, aus denen sich die Größe der Adaptationsleistung für bestimmte Ereignisse ablesen läßt. Aber auch ohne die Punktwerte zu kennen, kann man die Ereignisse zusammenstellen, bei denen das Kind eine besondere Anpassungsleistung erbringen muß. Dabei können es, wie bei den Erwachsenen, große und kleine Ereignisse sein. Sowohl erfreuliche als auch unerfreuliche Veränderungen müssen bewältigt werden.

Der Leser möge selbst einmal überlegen, mit welchen Punkten er nachstehende Ereignisse im Leben eines Kindes oder Jugendlichen bewerten würde:

1. Todesfall in der engeren Familie
2. Streit der Eltern
3. Umzug
4. Geburt eines Geschwisters
5. Tod eines Haustiers
6. Verlust eines Spielgefährten durch Fortzug, Klassenwechsel usw.
7. Erste Übernachtung in fremder Umgebung
8. Streit mit den Geschwistern
9. Zurücksetzung in der Schule, z. B. Wiederholung der Klasse, Schulwechsel
10. Eine, vielleicht sogar wiederholte, ungenügende Leistung in einer schriftlichen Klassenarbeit
11. Familienfest
12. Einschulung
13. Persönliche Feste wie Geburtstag, Konfirmation, Kommunion usw.
14. Häusliche Strafen wie Stubenarrest, Fernsehverbot usw.
15. Weihnachtsvorbereitungen
16. Sportliche Wettkämpfe
17. Lange Autofahrt mit Stau
18. Lange Abwesenheit der Mutter, z. B. durch Krankenhausaufenthalt
19. Nichteintritt einer sicher erwarteten Freude, z. B. Klassenfahrt oder Ferienreise fällt aus

Unabhängig davon, wie man diese Ereignisse bewertet, zeigt diese Aufstellung, daß es auch in der Welt des Kindes eine Reihe von Streßfaktoren gibt, die eine bestimmte, von Fall zu Fall verschieden hohe Anpassungsenergie erfordern. Es ist bei einer Störung deshalb wichtig zu überlegen, welche Faktoren maßgebend sein können, damit bei der Anwendung von autogenem Training nicht nur die Symptome, sondern auch die Ursachen erreicht werden.

Neben diesen einzeln faßbaren Ereignissen gibt es auch Dauereinwirkungen als Streßauslöser. Diese Einwirkungen sind sehr viel weniger faßbar, da sie im Einzelfall schwer nachzuweisen sind. Streßfaktoren dieser Art können beispielsweise in einer bestimmten Familienkonstellation bestehen, in der das Kind sich seinen Platz erkämpfen muß. Oder es herrscht ein ungleichmäßiger Erziehungsstil der Eltern, deren Reaktionen für das Kind daher nicht vorhersehbar sind. Ein untergründig wirkender Streßfaktor kann auch die Wohnsituation sein, wenn das Kind durch zu große räumliche Enge, durch die Lage an einer verkehrsreichen Straße oder durch Isolation von anderen Kindern in seinen spontanen Tätigkeiten gehemmt wird.

Auch die Situation des Kindes unter seinen gleichaltrigen Kameraden kann zum lang wirkenden Streßfaktor werden. So gibt es Kinder, die wegen einer Krankheit oder einer Behinderung, wegen ihres Verhaltens oder wegen abweichender Gewohnheiten ihres Elternhauses keinen Anschluß an die Gruppe Gleichaltriger finden.

Gerade diese Dauerbelastungen führen häufiger zu

Störungen. Denn einzelne biographische Ereignisse, wie der Umzug an einen anderen Wohnort, werden von demjenigen, der sie erlebt, als Besonderheit erkannt. Man erwartet von ihnen eine Veränderung und ist deshalb in der Lage, diese auch zu verarbeiten. Untergründig, gleichsam in kleiner Münze wirkende Streßsituationen sind schwerer zu erkennen und zu beheben. Davon soll später noch ausführlich die Rede sein.

Abschließend sei noch einmal festgestellt, daß Streß nicht nur ein Modewort ist, sondern daß es die mit verschiedenen körperlichen Begleiterscheinungen ablaufende Streßreaktion tatsächlich gibt. Der Ablauf dieser stereotypen Reaktion ist nicht beeinflußbar. Die Möglichkeit der Gestaltung liegt in der Beeinflussung der Faktoren, die diese Reaktion auslösen und in der regelmäßigen Entspannung des Körpers, die die schädlichen Auswirkungen des Stresses ausgleicht.

2. Psychosomatische Krankheiten

a) Allgemeine Voraussetzungen

Die Streßforschung macht deutlich, daß sowohl körperliche wie seelische Ursachen die Streßreaktion hervorrufen können. Die Störungen, die schwerer oder lang andauernder Streß hervorruft, können sowohl auf körperlichem als auch auf seelischem Gebiet liegen. Körperliche und seelische Faktoren sind somit zu einem Ursache-Wirkungsgeflecht verwoben.

Die heutige Medizin bemüht sich, den gesunden wie den kranken Menschen aus einer ganzheitlichen Sicht zu betrachten. Diese Betrachtungsweise nennt man psychosomatisch. Die psychosomatische Medizin ist heute eine wissenschaftlich anerkannte Richtung. Sie bemüht sich darum, das Zusammenwirken verschiedener Krankheitsfaktoren aus dem körperlichen, seelischen und sozialen Bereich zu erkennen.

Nach unserem klassischen Krankheitsverständnis gibt es für jede Krankheit eine Krankheitsursache, so wie überhaupt zu jeder Wirkung eine spezifische Ursache gehört. Ein Beispiel für diesen Zusammenhang sind die Infektionskrankheiten. Die Entdeckung bestimmter Krankheitserreger ist geradezu ein Markstein medizinischen Fortschritts.

Seit Robert Koch[42] und Louis Pasteur[43] ist nachgewiesen, daß bestimmte Krankheiten nicht durch schlechte Luft, wie man bei Malaria glaubte, oder ungünstige Konstellationen der Gestirne hervorgerufen wurden, sondern durch eindeutig nachweisbare Krankheitserreger. Tuberkulose wird durch Tuberkelbakterien, Tetanus durch Clostridien, Diphtherie durch Diphtherie-Erreger hervorgerufen. Entsprechend kann man die Liste für Cholera, Ruhr usw. fortsetzen. Es wurde experimentell nachgewiesen, daß die Infektion mit einem bestimmten Erreger immer dieselben Krankheitserscheinungen hervorbrachte.

Nur dadurch, daß man sich an das strenge Prinzip von Ursache und Wirkung hielt, war es möglich, in kurzer Zeit die spezifischen Erreger für eine große Zahl von Krankheiten zu entdecken. Vor allem gab sich aus dem strengen Denken in den Kategorien von Ursache und Wirkung der Ansatz für die Bekämpfung der Infektionskrankheiten. Hatten bestimmte Bakterien eine Krankheit verursacht, mußten diese Bakterien vernichtet werden. Das war die Grundlage für die antibiotische Therapie[44], ohne deren Erfolge wir uns das heutige Leben gar nicht mehr vorstellen können. In dieser Weise entwickelte sich in Abkehr von früheren, mittelalterlichen Vorstellungen eine naturwissenschaftliche Medizin, die auf allen Gebieten neue Erkenntnisse über Krankheitsursachen und therapeutische Möglichkeiten gewann. Aber so erfolgreich dieser Ansatz war, so führte er auch zu einer einseitigen Sichtweise.

Das wird auch am Beispiel der Infektionskrankheiten deutlich. Unbeschadet der Tatsache, daß Tuberkelbakterien die unmittelbare Ursache für Tuberkulose sind, kann man feststellen, daß der Ausbruch dieser Krankheit von weiteren Faktoren begünstigt wird, z. B. schlechter Ernährung, unhygienischen Wohnverhältnissen und der persönlichen Lebenseinstellung. Thomas Mann gibt in seinem Roman *Der Zauberberg* eine ausführliche Beschreibung der psychologischen und sozialen Situation der Patienten eines Sanatoriums für Tuberkulosekranke, in welchem der zunächst gesunde Held, Hans Castorp, aus mangelndem Lebensmut der Krankheit verfällt. Das Dichterwort »Krankheit ist Unordnung« bringt in überspitzter Weise den psychosomatischen Ansatz zum Ausdruck.

Auch aus der Kinderheilkunde ist bekannt, daß die

Widerstandskraft gegenüber Infektionen von der Verfassung eines Kindes abhängt. So wird das Auftreten einer Mandelentzündung durch Angst vor ungelösten Konflikten begünstigt. In einer Belastungssituation, z. B. vor einer Reise oder Prüfung, kann ein sonst nicht erklärbares Fieber auftreten.[45] Kinder, die in übertriebenem Maße behütet werden, aber auch solche, die zu wenig Zuwendung bekommen oder unter Heimweh leiden, bekommen beispielsweise leichter Infektionskrankheiten als andere.

Betrachtet man Krankheiten allgemein unterder Fragestellung, welche psychologischen Faktoren wirksam sein können, welcher Typ von Persönlichkeit betroffen ist, welche Familienkonstellation vorliegt und wie das soziale Umfeld ist, so ergeben sich Einsichten, die das auf naturwissenschaftlichem Wege Gewonnene sinnvoll ergänzen.

Aus einem psychosomatischen Ansatz heraus ergibt sich zuweilen auch ein anderer Weg in der Therapie. So ist bei Asthma bekanntlich eine medikamentöse Therapie erforderlich, bei der es auch zu unangenehmen Nebenwirkungen kommt. Im Laufe der Zeit ist häufig eine Erhöhung der Dosis nötig, so daß eine Spirale von immer schwereren Anfällen zu einem immer höheren Medikamentenbedarf führt.

Prüft man aber zugleich mit der medikamentösen Therapie das familiäre Umfeld des asthmakranken Kindes auf Streßfaktoren und leitet entsprechende Veränderungen ein oder läßt das Kind zur Streßbewältigung autogenes Training machen, so hat man einen weiteren

Ansatzpunkt gefunden, von dem aus man die Krankheit bekämpfen kann. Das kann dazu führen, daß der Medikamentenbedarf wesentlich gesenkt wird. Ein Beispiel aus der Praxis soll dieses verdeutlichen.

Ein zehnjähriger Junge kam zum autogenen Training, weil er Asthma hatte. Er hatte mehrfach wegen schwerer Asthmaanfälle in die Kinderklinik aufgenommen werden müssen. Dort wurde ihm zum autogenen Training geraten. Die Befragung ergab, daß er schon im Säuglingsalter Neurodermitis hatte. Das Asthma begann im Alter von 18 Monaten. Er war unruhig und sowohl in der Schule, als auch im Kurs sehr aggressiv. Er war Einzelkind, seine Mutter war zu Hause.

Im Laufe des Kurses stellte sich heraus, daß schon seit längerer Zeit Probleme in der Partnerschaft der Eltern bestanden. Dem Kind fiel das häufige Fernbleiben des Vaters am Abend auf, das bei ihm zu Einschlafstörungen führte. Es kam dann zur Trennung der Eltern, was dazu führte, daß sich der Junge nun nicht mehr von seiner Mutter trennen wollte. Er war in hohem Maße an seine Mutter gebunden und nahm bei ihr teilweise die Rolle des Mannes ein. Er beherrschte seine Mutter durch seine Krankheit und zwang sie, immer für ihn da zu sein. Seine Mutter beherrschte ihn, indem sie ihn in eine Rolle verwies, in der er sich nicht nach seinen kindlichen Bedürfnissen entwickeln konnte. In einem solchen Fall ist eine Besserung des Asthmas allein durch Medikamente nicht zu erwarten. Es muß eine Verhaltensänderung in der Familie und damit eine psychische Stabilisierung des Kindes herbeigeführt werden.

Es gibt mehrere Merkmale psychosomatischer Krankheiten, von denen einige in dieser Krankengeschichte vorkommen.

b) Die Rolle der Mutter

Geht man der Entstehung psychosomatischer Krankheiten nach, so läßt sich sehr häufig eine Beziehungsstörung zur Mutter erkennen. Der Fehler kann sowohl in zu starker Fürsorge und damit einem Beherrschen des Kindes, als auch in der Vernachlässigung liegen. Häufig sind beide Fehler kombiniert, etwa wenn das Kind zwar körperlich umsorgt wird, ihm aber die Möglichkeit, sich seelisch zu entwickeln, versagt wird. Eine solche Hemmung der seelischen Entwicklung kann dadurch bewirkt werden, daß dem Kind die altersgemäßen Freiräume versagt werden, aber auch dadurch, daß die natürliche Neugier des Kindes in falsche Bahnen gelenkt wird, z. B. anstatt auf ihm gemäße Lektüre auf passiven Fernsehkonsum.

Es ist verständlich, daß gerade der Mutter eine so große Bedeutung zukommt. Sie spielt in den ersten Lebensjahren des Kindes die entscheidende Rolle für die Sozialisation des Kindes, also dessen Eingewöhnung in das soziale Leben. Unter normalen Umständen ist im frühesten Kindesalter die Rolle der Mutter von ungleich größerer Bedeutung für das Kind als der erst langsam in seiner Bedeutung vom Kind erkannte Vater.

Für eine unverkrampfte Sichtweise liegt es auf der

Hand, daß der Lebensablauf und auch die dem Kinde mitgeteilte Gefühlswelt der Mutter mit den seelischen Bedürfnissen des Kleinkindes besser harmoniert als die Art, in der sich Männer auch heute noch häufig einem Kind gegenüber darstellen können. Dagegen spricht nicht, daß es in Einzelfällen tatsächlich einmal genau umgekehrt liegen mag. Der Mutter, wenn man ihre Stellung als Beruf bezeichnet, fallen daher eine Reihe von »mütterlichen Funktionen« zu. Zu diesen Aufgaben gehört es, das Kind zu beschützen, anzuleiten und zu ermutigen. Es gehört auch dazu, es an eine Ordnung zu gewöhnen und ihm Grenzen zu setzen.

Nicht immer gelingt das Zusammenspiel zwischen Mutter und Kind. Dies festzustellen ist wichtig, wenn man die Entstehung einer Krankheit oder Fehlentwicklung nachvollziehen will. Daraus abzuleiten, daß die Mutter auch persönlich die Schuld an der Fehlentwicklung habe, wäre aber falsch. Denn die Mutter ist nur ein Teil des gesamten Beziehungsgefüges, das auf ein Kind einwirkt. Die Situation der Ehe, die Beziehung zu den Großeltern sowie die berufliche Situation wirken sich auf die Mutter, und damit auch auf die Mutter-Kind-Beziehung aus. Es ist das »Berufsrisiko« der Mutter, auch Ursache von Störungen ihres Kindes zu sein, so wie sie ja auch, ohne bewußtes Zutun, den Anstoß zu vielen Fortschritten gibt.

c) Regression

Unter Regression versteht man den Rückschritt auf eine frühere Stufe der Entwicklung. Wenn ein Kind nach der Geburt eines Geschwisters in die Babysprache zurückfällt, liegt ein solcher Rückschritt vor, dessen Zweck offensichtlich ist: Das Kind will dieselbe Zuwendung einklagen, die nun lediglich dem Säugling gilt.

Jede Krankheit ist an sich mit Regression verbunden. Der Kranke beansprucht Pflege und Zuwendung, er braucht seine Pflichten nicht zu erfüllen und wendet sein Interesse auf sich selbst. Bei psychosomatischen Krankheiten tritt dieser Aspekt besonders deutlich hervor: Die Mutter muß sich um ihr Kind kümmern, das unter Atemnot leidet. Sie muß alles stehen und liegen lassen, wenn ihr Kind einen Anfall hat.

Ein Kind, das Störungen im Bereich der Verdauungsorgane hat, zwingt die Mutter, sich ständig mit seiner Nahrungsaufnahme und seiner Ausscheidung zu beschäftigen. Damit nimmt die Mutter-Kind-Beziehung Züge an, wie sie im Säuglings- und Kleinkindalter normal sind. Geht eine Mutter zu bereitwillig auf die Forderungen ein, bestärkt sie ihr Kind in seinem Verhalten und bietet ihm keinen Anreiz, gesund zu werden.

Ein Zeichen der Regression ist auch die starke Abhängigkeit von therapeutischen Maßnahmen, wie Diät, Einnahme von Tabletten oder Inhalieren.

d) Zirkelbildung

Bei psychosomatischen Krankheiten bildet sich oft ein Teufelskreis. Je stärker die Symptome, desto eingreifender ist die Therapie. Nach einer kurzfristigen Besserung verschlimmern sich die Symptome erneut. So kann es bei Asthma oder Neurodermitis zu einer zunehmenden Steigerung des Medikamentenbedarfs kommen. Oder bei einem Magengeschwür besteht am Ende nur noch der Ausweg einer Operation.

Bei einer psychosomatischen Krankheit wollen die Symptome etwas aussagen. Der Körper ist sozusagen damit unzufrieden, daß er nicht verstanden wird. Das kann sich in einer Verstärkung der Beschwerden äußern. Diesen Vorgang wird man nur dann beenden können, wenn man den Aussagecharakter der Symptome wahrnimmt und darauf eingeht.

e) Symptomsprache

Bei psychosomatischen Krankheiten besteht ein Konflikt zwischen Bedürfnissen auf der einen und Loyalitäten bzw. Hemmnissen auf der anderen Seite. Insofern ist das Grundmuster bei verschiedenen Erkrankungen ähnlich. Das Erscheinungsbild kann aber recht unterschiedlich aussehen. Der eine hat anfallsartige Kopfschmerzen, ein anderer hat das Gefühl, einen Kloß im Hals zu haben, hat Herzbeschwerden, zeigt Unverträglichkeiten gegenüber gewissen Speisen und Stoffen.

Oft lohnt es sich, über die Organsprache nachzudenken. So kann der Kloß im Hals bedeuten, daß man im übertragenen Sinn etwas in seinem Leben nicht schlukken kann. Oder die Kopfschmerzen bedeuten, daß eine Sache einem Kopfzerbrechen bereitet – oder, daß man einfach überhaupt nicht so viel denken will. Redewendungen aus der Umgangssprache (»Das halte ich im Kopf nicht aus«) geben oft gute Hinweise auf die verborgene Botschaft mancher Symptome. Offensichtlich rechnen die Menschen mit psychosomatischen Zusammenhängen, ohne sich dessen immer bewußt zu sein.

Innerhalb einer Familie kommt es auch vor, daß Symptome nachgeahmt werden. Ist ein Familienmitglied chronisch krank, so ist es möglich, daß ein Kind diese Symptome gleichsam übernimmt. Dahinter kann Angst vor dieser Krankheit stecken. Zugleich kann es eine Methode sein, sich auf diese Art dieselbe Aufmerksamkeit zu sichern, wie sie der Kranke hat.

f) Zusammenwirken verschiedener Ursachen

Bei psychosomatischen Krankheiten trifft es im besonderem Maße zu, daß verschiedene Faktoren zusammenwirken. So ist es durchaus möglich, daß ein Kind eine nachweisbare Allergie gegen bestimmte Stoffe hat. Zugleich kann die allergische Reaktion auch durch seelische Unverträglichkeit verursacht sein.

Wie groß das Ausmaß der seelischen Beteiligung an einer Störung ist, läßt sich naturgemäß nur schätzen.

Sicher wird es bei längerem Bestehen der Erkrankung zu einem Wechselspiel zwischen Mutter und Kind kommen, bei dem sich beide gegenseitig in ihren Rollen festlegen. Eine psychosomatische Krankheitssicht führt immer dazu, pragmatisch vorzugehen und sich ebenso um die aktuellen Beschwerden wie um die menschliche Situation zu kümmern.

Der psychosomatische Ansatz will also nicht naturwissenschaftlich erwiesene Zusammenhänge außer acht lassen, sondern er führt zu einer ganzheitlichen Betrachtung, die körperliche, seelische und soziale Bedingungen in gleichem Maße berücksichtigt. Die Krankheit wird als ein multifaktorielles Geschehen aufgefaßt, also als Zusammenwirken verschiedenartiger Einflüsse.

Krankheiten, bei denen dieses Zusammenwirken besonders deutlich ist, werden auch als psychosomatische Krankheiten bezeichnet. Dazu gehören Magen- und Zwölffingerdarmgeschwür, Herzinfarkt, Angina pectoris, Asthma, Ekzem und Hypertonus. Die Zuordnung zu der Gruppe der psychosomatischen Krankheiten ist aber willkürlich. Eine scharfe Grenzziehung zu anderen, nicht so offensichtlich psychosomatisch bedingten Krankheiten ist nicht möglich.

Bei einer großen Reihe von Krankheiten ist eine ebenso starke seelische Beteiligung bekannt, etwa bei Rheuma, Diabetes, Morbus Crohn und Colitis ulcerosa. Es gibt auch Arbeiten, die selbst bei der Krebserkrankung psychosomatische Faktoren sehen, da diese Krankheit besonders häufig nach dem Verlust des Lebenspartners oder eines Lebenszieles auftritt. Man muß also zwischen den Krankheiten unterscheiden, die im engeren Sinne als psychosomatisch bezeichnet werden, und einer psychosomatischen Betrachtungsweise, die letztlich auf alle Krankheiten angewendet werden kann.

Die psychosomatische Betrachtungsweise eröffnet uns für viele Krankheiten neue therapeutische Möglichkeiten. Zu diesen gehört auch das autogene Training, das bei psychosomatischen Krankheiten mit großem Erfolg angewendet wird.

3. Die Rolle des autogenen Trainings in der Therapie

a) Indikationsstellung

Bevor man mit dem autogenen Training beginnt, sollte eine klare Indikation gestellt werden. Man muß wissen, welche Störung vorliegt und welches Ziel mit dem autogenen Training erreicht werden soll.

Zum Ausschluß anderer Krankheiten ist es immer gut, das Kind vorher kinderärztlich untersuchen zu lassen. Denn, wie schon ausgeführt, ein bestimmtes Symptom kann verschiedene Ursachen haben. Die bei Kindern häufig auftretenden Kopfschmerzen können Ausdruck vegetativer Störungen sein. Es sind aber auch eine Reihe anderer Ursachen denkbar, denen man zunächst nachgehen muß. Das gilt ebenso für das bei Kindern sehr häufig anzutreffende Symptom Bauchschmerzen.

Auch hier kann man den psychosomatischen Charakter der Beschwerden nur dadurch belegen, daß man andere Krankheiten ausschließt.

Die Stellung einer Diagnose ist auch insofern sinnvoll, als sich die Eltern vor Beginn der Behandlung noch einmal darüber im klaren werden, was sie von dem autogenen Training erwarten und ob sich nach ihrer Einschätzung der Aufwand dafür lohnt. Je klarer die Zielvorstellung, desto besser sind die Erfolgsaussichten.

b) Grenzen des autogenen Trainings

Das autogene Training ist zwar wirkungsvoll, aber, und dies sei noch einmal wiederholt, es bewirkt keine Wunder. Deshalb ist es wichtig, die Grenzen dieser Methode zu kennen. Grundsätzlich darf das autogene Training niemals die Diagnose einer Krankheit behindern, und es kann nicht die medizinisch übliche Therapie einer Krankheit, wie Operation, Bestrahlung oder die Einnahme von Antibiotika ersetzen. Zunächst sollte das autogene Training auf psychosomatische Störungen, deren häufigste Ausprägungen im Folgenden skizziert werden, beschränkt bleiben.

Darüber hinaus ist es auch möglich, das autogene Training bei einer rein körperlichen Störung, wie etwa bei einer Verletzung infolge eines Unfalls, anzuwenden, um den Patienten zu stabilisieren. Als sekundäres Hilfsmittel kann es dazu beitragen, daß ein Kind die Situation im Krankenhaus besser verkraftet oder daß es mit den Schwierigkeiten einer chronischen Krankheit besser zurecht kommt.

Auch von seiten des Kindes sind Grenzen gesetzt. Nur wenn das Kind ein gewisses Maß an Interesse und Konzentrationsfähigkeit mitbringt, wenn es vom Alter und seiner gesamten Einstellung her in der Lage ist mitzuarbeiten, hat das autogene Training Aussicht auf Erfolg.

4. Die Arbeit des Wachsens als Streßfaktor

a) Das Kind als wachsender Mensch

Das Leben erfordert ständig neue Anpassung. Wie die vorhergehenden Kapitel gezeigt haben, ist für diese Anpassungsleistungen eine gewisse Kapazität vorhanden. Wird sie überschritten, können Störungen unterschiedlicher Art auftreten.

Trotz des interessanten Versuchs, die Stärke verschiedener belastender Ereignisse in Punktwerten anzugeben, können wir weder die Größe von Streß noch die individuelle Kapazität der Anpassung quantifizieren. Für unsere Überlegungen reicht es aber, sich der Bedeutung dieser Größen bewußt zu werden. Im vorangegangen Kapitel wurde deutlich, daß einzelne Veränderungen der Lebensumstände nachweisbare Belastungen darstellen. Jede Veränderung fordert die Anpassungsfähigkeit heraus und verbraucht Kräfte. Die Situation des Kindes ist, viel stärker noch als die des Erwachsenen, durch steten Wandel geprägt: Es steht in einem Prozeß der geistigen, körperlichen und seelischen Entwicklung. Diese »Arbeit des Wachsens«, die dem Kind als Arbeit gar nicht bewußt ist, fordert gleichwohl die Kräfte des Kindes.

Auch der einzelne Erwachsene, der mit einem Kind zu tun hat, ist sich dieser Tatsache nicht immer bewußt. Schließlich stellen nahezu alle Kulturen Kinder von Arbeit frei, während sie das Lernen, also Tätigkeiten, die der Entwicklung dienen, institutionalisieren.

Unter dem Gesichtspunkt von Streß ist es wertvoll, über die Arbeit des Wachsens nachzudenken. Dann wird nämlich deutlich, daß Wachstumsvorgänge eine Art Grundbelastung für das Kind darstellen. Wie hoch die Anpassungsenergie, und zwar die seelische wie auch körperliche, ist, die dabei verbraucht wird, und wieviel zur Bewältigung anderer Aufgaben übrig bleibt, weiß man im individuellen Fall nicht, weil es keine objektiven Meßwerte für Streß gibt. Wichtig ist einfach, sich klarzumachen, daß das Kind schon dadurch etwas »leistet«, daß es dem Plan seiner Entwicklung folgt. Auf den kindlichen Alltag bezogen heißt das: Das Kind tut auch dann etwas, wenn es nichts nach außen hin Erkennbares tut. Auch die Phasen scheinbarer Passivität sind Teil einer gesunden Entwicklung.

Der Prozeß des Wachstums soll anhand von einigen einfachen Beobachtungen dargestellt werden.

b) Körperliches Wachstum

Das körperliche Wachstum ist gekennzeichnet durch eine Zunahme an Körpermasse, wobei es zugleich zu einer Umgestaltung des Körpers kommt, die in den veränderten Körperproportionen nach außen sichtbar wird. Ein Kind etwa, das bei seiner Geburt 50 cm lang und 3 500 g schwer war, könnte mit zwölf Jahren 150 cm lang und 35 kg schwer sein. Es hätte dann seine Länge verdreifacht und sein Gewicht verzehnfacht.

Zugleich ändern sich die Körperproportionen. Während bei einem Säugling etwa ein Viertel der Gesamtlänge auf den Kopf entfällt, ist es beim Erwachsenen nur ein Achtel. Andererseits sind die Gliedmaßen beim Erwachsenen im Verhältnis zum Rumpf länger als beim Kind.

Das Wachstum erfolgt in Schüben. Im Säuglingsalter, vor dem Schulalter und vor Beginn der Pubertät treten oft besonders deutliche Wachstumsschübe auf. Wo und in welchem Maße der Körper Kräfte einsetzt, um das Wachstum zu ermöglichen, läßt sich im einzelnen nicht nachzeichnen. Einen Hinweis auf das Ausmaß der körperlichen Leistung gibt der hohe Kalorienbedarf, der während des vorpubertären Wachstums auftreten kann. Er kann 5.000 Kcal pro Tag betragen, die zweieinhalbfache Menge des durchschnittlichen Erwachsenenbedarfs.[46]

Das Körperwachstum ist unserer Beobachtung am leichtesten zugänglich und durch Zahlen zu belegen. Eine andere Leistung, die der kindliche Organismus sozusagen stillschweigend erbringt, ist der Erwerb der Immunität. Der Säugling kommt zwar mit einem gewissen vorläufigen Schutz gegen Krankheitserreger auf die Welt, der aber am Ende des ersten Lebenshalbjahres abläuft. Von diesem Zeitpunkt an muß der Organismus sein eigenes Abwehrsystem aufbauen. Dazu sind Kontakte mit den vielen Erregern nötig, die unser mikrobiologisches Umfeld beherrschen. Erst nach einer Infektion mit einem Krankheitskeim kann der Körper Abwehrstoffe gegen diesen bilden.

Viele dieser Infektionen verlaufen unbemerkt. Sie werden nicht als Krankheit erkannt, belasten aber dennoch den kindlichen Organismus. Auf das Konto dieses Vorganges, den man auch »Stille Feiung« nennt, gehen die Tage, an denen ein Kind lustlos und verstimmt wirkt, ohne daß es selbst einen Grund dafür angeben kann. Auch der Aufbau des Immunsystems dauert bis zum Einsetzen der Pubertät.

Das Wachstum und die Körperabwehr sind nur zwei Beispiele dafür, daß der kindliche Organismus Leistungen zu erbringen hat, die wir gewöhnlich nicht bemerken und deren Intensität stark schwankend ist. Infolgedessen ist auch die Verfassung eines Kindes nicht immer gleich. Die Auslastung eines Kindes durch regelmäßige Pflichten sollte noch genügend freien Raum lassen, um solche Schwankungen auszugleichen.

c) Geistiges Wachstum

Nicht nur das körperliche, auch das geistige Format eines Kindes ist in stetem Wandel begriffen. Ein Kind lernt ständig. Besonders gut kann man das am Erwerb der Sprache verfolgen. Die ersten Äußerungen beginnen im Säuglingsalter. Das Kind lernt über verschiedene Zwischenstufen, bis man im Vorschulalter sagen kann, es spreche seine Muttersprache. Tatsächlich geht der Prozeß der Sprachaneignung bis zur wirklichen Sprachbeherrschung aber weiter bis in das Erwachsenenalter hinein.

Auch am Umgang mit Zahlen und Mengen kann man verfolgen, daß ein Kind seinen geistigen Horizont ständig erweitert. Im Kindergartenalter kann es mit kleinen Mengen umgehen, im ersten Schuljahr rechnet es bis 20, am Ende des vierten Schuljahres beherrscht es die vier Grundrechenarten und hat seinen Zahlenraum bis zu einer Million erweitert. Aber auch diese Beispiele belegen wieder nur äußerlich erkennbares, weil in der Schule abfragbares Wissen.

Um sich in seiner Umwelt zurechtzufinden, muß ein Kind viele Dinge des Alltags lernen, wie beispielsweise Verkehrsregeln, den Umgang mit Geld, die Bedienung technischer Geräte oder die Anpassung an die Jahreszeiten. In der Regel lernt das Kind das Nötige, ohne daß es selbst oder die Erwachsenen diesen Lernvorgang wahrnehmen.

Ähnlich wie im körperlichen Bereich kann man feststellen, daß das Kind auch durch seine geistige Fortentwicklung gefordert ist. Auch hier kann man wieder sagen, daß das Kind auch dann etwas tut, wenn es scheinbar nichts tut. So helfen viele Spiele dazu, die Geschicklichkeit zu fördern, das Gedächtnis zu trainieren oder – auch beim absichtslosen Hantieren mit Gegenständen – die Gesetze der Mechanik zu erproben.

Wenn man auch hier bedenkt, daß eine geistige Grundbelastung schon besteht, wird man bemüht sein, seinem Kind Freizeit zu lassen.

d) Wachstum der Persönlichkeit

Daß die seelische Entwicklung eines Menschen ein komplizierter und lang dauernder Prozeß ist, zeigt schon die Tatsache, daß sich ein eigener Zweig der Psychologie, die Entwicklungspsychologie, mit diesen Vorgängen befaßt.

Es sollen an dieser Stelle nicht die einzelnen Stadien der Entwicklung und ihre Bedeutung für das spätere Leben nachgezeichnet werden. Unter dem Gesichtspunkt der Anpassungsleistung eines Kindes ist es jedoch auch hier wichtig zu erkennen, daß jedes neue Stadium in der Entwicklung vom Kind neu bearbeitet werden muß. Mehr noch als beim körperlichen und geistigen Wachstum ist es von Bedeutung, daß das Kind sich der Motive seiner Stimmungen oder seines Strebens nicht bewußt ist.

Wie schwierig die Bewältigung einer neuen Phase sein kann, zeigt das Trotzalter. Hierbei sieht man geradezu, wie das Kind sich anstrengen muß, um sich an eine neue Situation anzupassen. Aber im Grunde befindet sich das Kind in einem dauernden seelischen Lernprozeß, den man – ähnlich wie bei der geistigen und körperlichen Entwicklung – meistens nur dann wahrnimmt, wenn Schwierigkeiten auftreten.

So, wie sich die Körperproportionen ändern und zu einem jeweils veränderten Äußeren führen können, ändert sich auch das Verhältnis der seelischen Kräfte zueinander. Da gibt es Phasen, in denen ein Ungleichgewicht besteht. Im Trotzalter überwiegt der Drang zur Selbständigkeit gegenüber der Fähigkeit zu planvollem und situationsbezogenem Handeln.

In anderen Lebensabschnitten kommt eine Entwicklung zu einem vorläufigen Abschluß, wie es beispielsweise am Ende der Kindergartenzeit der Fall ist. In dieser Zeit sind die Kinder in der Regel ausgeglichen und belastbar. Treten neue Ansprüche von außen oder neue Bedürfnisse von seiten des Kindes auf, wird diese Harmonie wieder gestört, bis ein neues Gleichgewicht auf einer neuen Ebene gefunden ist.

Diese Überlegungen sollen den Blick dafür öffnen, daß ein Kind sich ständig dem Wandel seiner inneren Bedingungen anpassen muß. Diese Anpassung ist eine Leistung, die ein Kind ganz von selbst erbringt. Sie wird vom Kind und häufig auch von den Eltern gar nicht bewußt wahrgenommen.

Betrachtungen über Streß bei Kindern sollten bei der Überlegung ansetzen, welche Belastungen ein Kind in einer bestimmten Situtation verkraften kann. Man muß also immer eine Gesamtrechnung aufmachen und nicht einen einzelnen Streßfaktor isoliert betrachten und aus der Sicht eines Erwachsenen werten. Andererseits kann man feststellen, daß sich ein Kind oft schneller anpaßt als ein Erwachsener. Da es viel weniger durch Vorerfahrungen festgelegt ist und sich ständig in der Situation befindet, neue Erfahrungen zu machen, nimmt es Veränderungen leichter an als ein Erwachsener.

Es läßt sich beobachten, daß ein Kind anpassungsfähiger und zugleich störanfälliger ist als ein Erwachsener. Zur Aufgabe der Streßvermeidung gehört es, die Anpassungsfähigkeit des Kindes auszunutzen, aber ebenso Anpassungsleistungen zu vermeiden, die die Kräfte des Kindes überfordern.

5. Häuslicher Streß in der Welt des Kindes

Will man nicht nur Streßfaktoren im individuellen Fall ausschalten, sondern allgemein Vorbeugung gegenüber streßbedingten Störungen bei Kindern betreiben, so muß man sich mit der Situation eines Kindes in unserer Gesellschaft und in der heutigen Familie auseinandersetzen.

Der Vergleich der heutigen Familiensituation mit einer Familie vergangener Generationen zeigt, daß, geschichtlich gesehen, in sehr kurzer Zeit ein tiefgreifender Wandel stattgefunden hat. Die Zahl der Kinder einer Normalfamilie ist in allen entwickelten Staaten, also nicht nur in Deutschland, drastisch zurückgegangen.

Den Familien mit Kindern steht eine große, anscheinend immer noch wachsende, Gruppe von Ehen ohne Kinder gegenüber. Darüber hinaus ist der Familienbegriff geschrumpft. Umfragen ergeben, daß unter dem Begriff »Familie« überwiegend nur noch der Verbund von Eltern und Kindern verstanden wird, nicht aber, wie noch vor wenigen Jahrzehnten, Großeltern, Onkel und Tanten, Vettern usw. mit umfaßte.

Mütter sind heute zum großen Teil berufstätig. Kinder wachsen in einer Umwelt auf, welche schon in einem frühen Alter von ihnen technische Fertigkeiten erfordert, ohne die ein Mensch noch vor hundert Jahren sein ganzes Leben auskam. Das Kind muß den Wohnungsschlüssel bedienen, vielleicht mehrere Schlüssel voneinander unterscheiden können; es muß beispielsweise telefonieren und den Herd an- und abschalten können; es muß schon recht früh wissen, daß man in eine Mikrowelle kein Metallgeschirr stellt usw.

Diese Entwicklung geht einher mit einer Versachlichung der Lebensbeziehungen des Kindes zu seiner Umwelt, mit der ein Kind, das noch sehr stark auf Gefühlseindrücke und Empfindungen reagiert, nicht immer zurechtkommt. Grundsätzlich wird sich ein Kind daher in einer modernen Komfortwohnung weniger wohl fühlen als in einer ländlichen Behausung. Es wird sich in einer Geschwisterschar trotz oder vielleicht sogar wegen vielfältiger Streitereien natürlicher entwickeln, als wenn es allein in einer, wenn auch gepflegten, Atmosphäre aufwächst, die seinen seelischen Bedürfnissen nicht entspricht.

Ein weiterer Streßfaktor liegt darin, daß das Leben eines Kindes heute weitgehend organisiert verläuft. Offensichtlich bietet die Familie keinen ausreichenden Raum für die kindliche Betätigung und für Kontakte. Das Leben wird daher in einzelne Aktivitäten aufgespalten, die nach außerhalb verlagert werden. Die Mutter hat die Organisations- und Transportleistung für Sport, Musik und Jugendgruppen zu erbringen. Die meisten Familien haben einen festen Fahrplan, nach dem ihr Leben abläuft. Ein Kind sieht seine Mutter wahrscheinlich weniger im Haus arbeiten als telefonieren oder Auto fahren.

Die starke Planung und das Bestreben nach einem reibungslosen Ablauf lassen weder ein Gefühl von Ruhe und Behaglichkeit aufkommen, noch erlauben sie spontane Unternehmungen.

Innerhalb der Familie ist es für ein Kind besonders wichtig, eine verläßliche Ordnung zu haben. Dazu gehört ein fester zeitlicher Ablauf des Tages. Das Kind muß wissen, in welchen Zeiten es seine Eltern beanspruchen kann, wann es seine Aufgaben zu machen und wann es frei hat. Wird diese Ordnung allzu oft durchbrochen, fehlen dem Kind die Orientierungspunkte. Es richtet sich nicht mehr nach einer äußeren Ordnung, sondern folgt seinen inneren Impulsen – es ißt, schläft und spielt also, wann es will.[47]

Aber auch ein unklarer Erziehungsstil verwirrt ein

Kind. Wichtiger als die objektive Richtigkeit einer Erziehungsmethode ist, daß die Reaktion der Eltern vorhersehbar ist. Das Eintreten einer angedrohten Strafe beruhigt ein Kind, insofern es daran glauben kann, daß es eine verläßliche Ordnung gibt.

Kinder sind in besonderem Maße ortsgebunden. Ihr Zuhause ist nicht einfach der Ort, an dem sie zufällig leben, sondern repräsentiert ihnen die Welt an sich. Da einem Kind noch alles neu ist, hält es an allen einmal gewonnenen Gewohnheiten fest. Darum ist ein Ortswechsel für ein Kind ein sehr viel größerer Einschnitt als für einen Erwachsenen. Auch Kinder können verreisen, aber sie müssen Zeit genug haben, an dem neuen Ort wieder ein Zuhause zu finden. Die »ungemütliche« Art, in der Erwachsene heute oft Ferien- und Kurzreisen gestalten, ist nicht auf die Lebensweise der Kinder abgestimmt und bedeutet für sie Streß.

Nach Beobachtung vieler Lehrer und Erzieher sind Kinder wie ihre Eltern am Montag oft müde und unausgeglichen. Das Wochenende ist für sie wie ihre Eltern oft keine Erholung, sondern eine Periode intensiver Zerstreuung, deren oft vergebliche Glückserwartung Streß verursacht. Auch beim autogenen Training kann man feststellen, daß die Tage des Wochenendes gerade die sind, an denen die Kinder nicht üben. Das ist besonders dann der Fall, wenn am Wochenende ein völlig anderer Rhythmus eintritt, bei dem das Kind beispielsweise lange aufbleibt, lange schläft und zu anderen Zeiten ißt, kurz, unregelmäßig lebt.

Ein weiterer Punkt, der innerhalb der Familie zum

Streßfaktor werden kann, ist die Geschwisterposition. Ist etwa ein Kind einziges Mädchen unter mehreren Jungen oder umgekehrt, hat es unter Umständen viel zu leiden. Das gleiche trifft zu, wenn ein Kind ein ihm altersmäßig nahestehendes Geschwister als Rivalen hat, der alle eigenen Leistungen übertrifft. Das kann besonders bei Zwillingen der Fall sein.

Es hängt natürlich auch jeweils von der Deutung ab, ob eine bestimmte Geschwisterposition sich günstig oder ungünstig auswirkt. Ein »Nachkömmling« kann verhätschelt oder auch abgelehnt werden. Ein einziges Mädchen unter Jungen muß ja nicht in jedem Fall zu kurz kommen, es könnte auch bevorzugt werden. Wie das Kind seine Situation tatsächlich empfindet, hängt daher von zusätzlichen Faktoren ab, wie Einstellung der Eltern zum Kind und die Strategie des Kindes selbst, mit der es sich seinen Platz erkämpft. Da man die Geschwisterposition nicht ändern kann, liegt viel daran, sie so zu deuten, daß sie dem Kind einen Vorteil bringt.

Diese Aufzählung von typisch kindlichen Streßfaktoren in der Familie stellt nur eine Auswahl dar. Sie soll den Blick dafür öffnen, daß eigentlich keine Familie frei von Störungen ist. Absichtlich wurden wirklich schwere Probleme, wie Ehescheidung, Tod eines Elternteils, Alkoholismus oder Kriminalität nicht angesprochen, denn in diesen Fällen liegt es ja auf der Hand, daß das Kind belastet ist.

Aber nicht nur in diesen Fällen, sondern überall, wo Menschen zusammenleben, entsteht Reibung, die sich als Streß auswirkt. Das gilt vor allem für das Kind, das die menschlichen Beziehungen am wenigsten mitgestalten kann und ihnen am meisten ausgesetzt ist.

Das gesellschaftliche und geistige Umfeld, in welchem sich das heutige Familienleben abspielt, kann vom einzelnen kaum beeinflußt werden. Es kann aber versucht werden, die als möglicherweise streßauslösend erkannten Faktoren im häuslichen Bereich so umzugestalten, daß die Gefahr des tatsächlichen Aufkommens von Streßsituationen vermindert wird. Wichtig ist es dabei, *zwei grundlegende Bedürfnisse von Kindern* zu berücksichtigen.

1. Kinder brauchen Zuwendung, und diese muß vor allem von den Eltern kommen. Offener Streit der Eltern oder gar deren Trennung können ein Kind zutiefst verstören. Dabei wird eine Trennung der Eltern vom Kind anscheinend wesentlich schwerer verkraftet als der Tod eines Elternteils. Viele psychosomatische Störungen der Kinder sind daher nicht dem Kind selbst zuzurechnen, sondern sind Folge von Partnerschaftskonflikten der Eltern.

2. Ein Kind braucht Ordnung und Stabilität. Es benötigt verläßliche Leitlinien für sein Verhalten innerhalb und außerhalb des Hauses. Nichts ist schädlicher für ein Kind, als wenn die Eltern sich in ihren Erziehungskonzepten widersprechen. Zur Ordnung gehört auch eine gewisse Stetigkeit des Tagesablaufes, und es ist durchaus nicht unangebracht, schon ein Kind mit dem Gedanken vertraut zu machen, daß es

sein Leben selbst in die Hand zu nehmen und zu planen hat.

Ein wichtiger Teil dieser Ordnung sind die täglich anfallenden Vorgänge wie aufstehen und ins Bett gehen oder die Mahlzeiten. Zeitliche Ordnung bedeutet für das Kind in allererster Linie Pünktlichkeit bei den Mahlzeiten und eine feste Tageszeit, zu der es zu Bett geht. Der Sinn für diese Ordnung wird auch durch die jahreszeitlichen Feste geprägt. Insbesondere die großen Feste, wie Weihnachten, Ostern und Pfingsten, vermitteln dem Kind eine gewisse Überschaubarkeit in der andernfalls formlos verfließenden Zeit. Auch wenn für viele Eltern der religiöse Sinn der christlichen Feste und Feiertage nicht mehr zugänglich ist, haben diese Feste als solche eine wichtige Funktion für die Ausbildung eines zeitlichen Ordnungsgefühls.

Wir heute Lebenden sind mobiler als unsere Eltern und Großeltern. Das Kind aber ist noch nicht mobil, es ist in besonderem Maße ortsgebunden. Das Haus, in dem es lebt, der Wohnort und die Siedlung, in dem es die Welt kennenlernt, sind nicht einfach irgendwelche Aufenthaltsorte, die man auch ändern könnte. Für das Kind sind sie die Welt an sich. Das Kind hat daher, auch in den Ferien, grundsätzlich kein Bedürfnis, irgendwelche oder gar weite Reisen zu machen. Zwar muß das Kind auch erlernen, wie man Ortsveränderungen erlebt. Eltern sollten sich aber nicht damit belügen, daß sie eine Reise unternehmen, weil das Kind es braucht oder wünscht.

Das Kind braucht in seinem täglichen Leben überschaubare und verläßliche Regeln. Jede Familie ist anders organisiert, je nachdem wie viele Personen dazu gehören, welches Alter sie haben, welchen Beruf der Vater hat usw. Es kann keine »Mustersatzung« für die Gestaltung eines Familienlebens geben. Es ist aber wichtig, daß eine Familie eine Art Satzung hat, an welche sich alle halten, auch wenn diese natürlich nicht schriftlich niedergelegt ist. Das Kind muß sich auf eine Ordnung verlassen können, an der es Halt findet und Selbstvertrauen.

6. Streß in der Schule

a) Grundüberlegungen

Die Schule nimmt im Leben eines Kindes eine große Bedeutung ein. Sie bestimmt nicht nur den Tagesablauf und den Jahreskreis, sie prägt auch die Erlebnisse und Erfahrungen eines Kindes. Fragt man die Kinder beim autogenen Training nach ihren Wünschen oder läßt sie nach eigenen Vorstellungen Vorsätze formulieren, so kann man immer wieder feststellen, welche überragende Bedeutung Schulerfolg und -versagen im Seelenleben eines Kindes spielen; jedenfalls eine weit größere als eine Krankheit, die vom Kind meist schicksalhaft hingenommen wird.

Es gilt, sich besser zu konzentrieren, in einem Fach besser zu werden – meist in den »Konzentrationsfächern« Mathematik und Rechtschreibung. Oder die Kinder möchten sich überhaupt in der Schule wohler fühlen, so wie es ein zehnjähriges Mädchen in einem Vorsatz zum autogenen Training formulierte: »Komm ich in die Klasse rein, soll das Schulgefühl besser sein.«

Es mag zunächst erstaunen, daß die Kinder so auf die Schule bezogen sind. Gerade bei den Kindern, die wegen Konzentrationsstörungen zum autogenen Training kommen, haben die Eltern oft den Eindruck, daß diese Kinder sich keine rechte Mühe geben und die Schule nicht ernst genug nehmen. Das führt zu der Frage, welche Bedeutung die Schule eigentlich für das Kind haben soll und tatsächlich hat.

Das Kind bekommt sehr unterschiedliche Signale. Auf der einen Seite wird ihm durch eine »sanfte Pädagogik« vermittelt, daß alles von selbst kommen werde, daß man Geduld mit ihm habe und daß es gelegentliche Mißerfolge nicht so schwer zu nehmen brauche. Auf der anderen Seite wird ihm, häufig von seiten der Eltern, oft sogar recht brutal, vermittelt, daß es sehr wohl auf Leistungen oder – was wichtiger sei – den Erfolg ankomme.[48] Das geschieht aber nicht in der Weise, daß die Eltern konkrete Leistungen von ihrem Kind fordern, z. B. eine schönere Handschrift oder eine bessere Orthographie, sondern indem sie die Startchancen ihres Kindes durch spätere Einschulung oder zusätzliche Kurse zu verbessern suchen.

Noch bevor das Kind eine Form von Schulstreß empfinden kann, sind viele Eltern schon davon ergriffen. Das Bemühen vieler Eltern, den Schulerfolg ihrer Kinder zu beeinflussen ist sicherlich oft übertrieben und nimmt gelegentlich skurrile Züge an. Dahinter steht aber die vielleicht nur vage Erkenntnis der Eltern, daß die Schule die entscheidende Schaltstation für das weitere Leben des Kindes ist. Die Eltern entwickeln daher, oft viel deutlicher als ihre Kinder, eine Art von Unsicherheit und Unruhe, und zwar unabhängig davon, was sich in der Schule im Einzelfall ereignet. Zeitgenossen, die sich sonst nicht viel gefallen lassen, die auch gerne mal ein deutliches Wort sprechen, entpuppen sich in Elternversammlungen oft als zahm und den Lehrern gegenüber geradezu devot. In diesem Verhalten äußert sich eine Unsicherheit der Eltern, eine Art von Streß, die schwer zu erfassen ist. Ein Kind wird ihn gar nicht verstehen, dafür aber um so mehr empfinden.

Ein Kind nimmt schließlich nicht nur gesprochene Worte auf, sondern versteht auch die Signale, die ihm in Form von bestimmten Haltungen der Eltern, Verhaltensweisen und dahingesagten Bemerkungen vermittelt werden.

Die Besonderheit dieser Form von Streß wird deutlich, wenn man unsere Schulen mit den sehr viel mehr leistungsbezogenen vergleicht, die es in vielen unserer europäischen Nachbarländer gibt. In diesen Schulen ist die offen gehandhabte Regel, daß es auf Leistung ankommt. So weiß in Frankreich jeder Schüler, daß von der Schulleistung die weitere Ausbildung, der spätere berufliche Erfolg sowie der finanzielle und soziale Status abhängen.

Innerhalb eines straffen, vorgegebenen Plans braucht

sich das Kind aber immer nur um die vor ihm liegenden Aufgaben zu kümmern. Es muß den nächsten Test gut machen, eine Prüfung am Ende des Schuljahres bestehen, seine Hausaufgaben in den Ferien sorgfältig erledigen. In Deutschland würde das französiche Schulsystem als ein unzumutbarer Leistungsdruck empfunden werden. Es ist aber zu fragen, ob die Überschaubarkeit der Lerninhalte und der Anforderungen nicht zugleich eine seelische Entlastung für die Schüler bedeuten.

Für unsere Kinder besteht die Schwierigkeit, sich in einem gewissermaßen zweisprachigen System zu orientieren. Offiziell wird auf Leistung nicht so großes Gewicht gelegt, aber schließlich zählt sie doch. Im Augenblick erscheint die schlechte Note für eine fehlerhafte Arbeit unerheblich, am Ende zählen doch nur die Zensuren, bis hin zum Numerus clausus.

Nach den zuvor beschriebenen Erfahrungen mit den Vorsätzen von Kindern kann man nicht den Eindruck haben, daß es den Kindern gleichgültig ist, wie sie in der Schule sind. Im Gegenteil, Kinder scheinen oft besser zu wissen als die Erwachsenen, daß es darauf ankommt, gut zu sein und etwas zu leisten, das die Anerkennung anderer verdient. Aus diesem Grunde wäre es für Kinder eine wesentliche Vereinfachung, wenn ihnen von Anfang an die Spielregeln der Schule und die Bedeutung der schulischen Leistungen für ihre Zukunft klargemacht werden könnten.

Neben diesem Grundproblem gibt es noch weitere Faktoren, die zu einer Belastung der Kinder führen.

b) Schuldisziplin

In einer Schulklasse sitzen lebhafte und träge, intelligente und weniger begabte Kinder zusammen, unterschiedliche Temperamente und Interessen müssen auf das gemeinsame Ziel, die Bewältigung des Unterrichtsstoffes, ausgerichtet werden. Das erfordert Disziplin, also den Verzicht des einzelnen Kindes darauf, sich und seine jeweiligen spontanen Bedürfnisse voll auszuleben. Hieran sind viele unserer Kinder zumeist nicht mehr gewöhnt.

Gute und zur Konzentration befähigte Schüler können auch inmitten allgemeiner Unordnung ihre Leistungen erbringen. Die Mehrheit kann das nicht. Die starke Zunahme von Konzentrationsstörungen unter Schulkindern ist daher offenbar zum großen Teil durch fehlende Disziplin und Unruhe begründet. Statt weiterer Ausführungen sei das folgende Zitat gebracht: »Wir glauben nicht fehlzugehen, wenn wir die Ansicht vertreten, die manchen Ortes vielleicht als reaktionär verurteilt wird, daß bei vielen modernen pädagogischen Bestrebungen das Moment der Disziplin zu kurz kommt.«[49]

Eine Steigerungsform fehlender Disziplin ist die Aggressivität. Diese zeigt sich bei Kindern oft als direkte Folge davon, daß das Kind nicht durch feste Regeln oder auch Zurechtweisung in seine Schranken gewiesen wird. Ausufernde Unarten (wie Beinchenstellen vor einer Treppe, Schubsen und Stoßen angesichts eines herannahenden Schulbusses, Beschädigung von Fahrrädern, tätliche Angriffe usw.) können einem nicht so starken Kind den Schulweg derartig vergällen, daß es den täglichen Weg als einen unerträglichen Streß empfindet. Da aber das Kind nun einmal zur Schule gehen muß, äußert sich dieser Streß häufig in Schulunlust, allgemeiner Leistungsschwäche oder auch Bauch- und Kopfschmerz.

c) Organisatorische Unruhe

Die Art, wie der heutige Schulbetrieb oft organisiert ist, trägt nicht unwesentlich zur Beunruhigung der Kinder bei. Die Schule selbst ist oft, und zwar unabhängig vom wirklichen oder eingebildeten Leistungsdruck, ein Streßfaktor. Auch Lernen muß gelernt werden! Jede Unterbrechung des eingeübten Rhythmus, mehr noch das gänzliche Fehlen eines überschaubaren Rhythmus, stört ein gleichmäßiges Arbeiten und hindert daher das Kind daran, zu lernen wie man lernt. Aus diesem Grunde ist jeder Ausfall von Stunden und ganzen Schultagen, unabhängig vom Zurückbleiben im Pensum, schädlich. Der Verlust der Regelmäßigkeit schadet meist mehr als der Ausfall der Stunde selbst.

Durch die an den meisten Schulen übliche Fünftagewoche wird bereits die Woche in zwei Blöcke, nämlich Arbeit und Freizeit geteilt. Kommt noch ein weiterer freier Tag hinzu, so zerfällt die Woche in so kleine Arbeitseinheiten, daß der Schüler nicht mehr das Gefühl hat, sich ernsthaft auf diese wenigen Schultage einlassen zu müssen. Da die festgesetzten Klassenarbeiten aber dennoch geschrieben werden müssen, werden diese ganz unnötig zum Angelpunkt des Schulablaufs, während sie doch eigentlich nichts weiter als eine besondere Form innerhalb einer kontinuierlichen Leistungsmessung sein sollten.

So kommt es zu dem paradoxen Zustand, daß Kinder, auch wenn sie sich nicht gesund fühlen, wegen einer Klassenarbeit zur Schule gehen, während vorher manche Schultage, an denen das Kind leistungsfähig war, ausfielen. Der Unterricht wandelt sich dadurch von der Bringschuld der Schule zur der Holschuld des Schülers. Damit aber wird dem Schüler eine unnötige Belastung zugewiesen.

Ähnlich verhält es sich mit der Beschaffung von Arbeitsmaterialien, wie sie für die künstlerischen Fächer, für den Fremdsprachenunterricht, Schulfeste und Theateraufführungen gebraucht werden. Es sollte Angelegenheit der Schule sein, die benötigten Dinge zu beschaffen, zu verteilen und aufzubewahren, wobei sie im Einzelfall auf die Hilfe der Eltern zurückgreifen kann.

Diese Überlegungen mögen im Zusammenhang eines Buches über das autogene Training mit Kindern erstaunen. Doch geht es in diesem Buch nicht nur darum, die Wirkungsmöglichkeiten des autogenen Trainings darzustellen, sondern auch den Blick für Streßfaktoren zu schärfen. Denn wenn es gelingt, Streßfaktoren zu erkennen und zu beseitigen, so braucht der Streß nicht mehr, auch nicht mit Hilfe des autogenen Trainings, bewältigt zu werden. Das liegt nicht immer in der Macht des einzelnen. Denn es sind oft mehrere Personen, wie in der Familie, oder eine Institution, wie im Beispiel der Schule, daran beteiligt. Letztlich ist es die Gesellschaft, die mit ihren Vorstellungen und ungeschriebenen Gesetzen in das Privatleben des einzelnen, auch das eines Kindes, hineinwirkt.

Manches aber läßt sich ändern, wenn die Bedürfnisse der Kinder erst einmal erkannt und artikuliert werden. Darum sollten Eltern den Mut haben, die Umgebung ihres Kindes so zu ordnen, daß seine Kräfte durch geübte Regelmäßigkeit gefördert, und nicht durch punktuelle Sonderleistungen verbraucht werden. Das autogene Training kann hier nur unterstützend wirken und wird sogar häufig nutzlos sein, wenn die wahren Streßfaktoren nicht erkannt und dann beseitigt werden.

7. Anwendung des autogenen Trainings bei organbezogenen Störungen

a) Asthma Bronchiale

Astma Bronchiale ist eine der häufigsten Krankheiten des Kindesalters.[50] Betroffen sind dabei die Bronchien, die einen wichtigen Abschnitt der Atemorgane darstellen. Sie leiten die Atemluft in die Lunge. Dort tritt der Luftsauerstoff in das Blut über, das ihn zu allen Zellen des Körpers bringt. Beim Asthmaanfall verengen sich die Bronchien, und zugleich wird Schleim gebildet, der die Lichtung der Bronchien verstopft. Die Luft kann nun nicht mehr ungehindert hindurchströmen.

So kommt es zu dem für das Bronchialasthma charakteristischen Symptom, der Luftnot. Sie macht sich zunächst bei der Ausatmung bemerkbar. In dem Bedürfnis, mehr Luft zu bekommen, werden die Lungen übermäßig mit Luft vollgepumpt, so daß dann auch die Einatmung erschwert ist. Der Asthmakranke gerät in Unruhe oder Panik, wodurch der Sauerstoffbedarf noch zusätzlich erhöht wird. Es besteht, trotz der vermehrten Anstrengung beim Atmen, eine Unterversorgung mit Sauerstoff.

Das Grundmuster dieser Krankheit kann in verschiedenen Verläufen variieren. Es kann zum akuten Asthmaanfall mit bedrohlicher Atemnot kommen. Häufig treten die Beschwerden auch im Rahmen eines Infekts der Luftwege auf. Wird das Bronchialasthma chronisch, so werden im Laufe der Zeit die Lungen geschädigt.

Asthmatiker haben sehr häufig eine allergische Veranlagung. Beim Test kann man Überempfindlichkeit auf Hausstaub, Bettfedern, Tierhaare, Pollen oder Nahrungsmittelallergene nachweisen. In der Familie von Asthmatikern sind häufig andere Mitglieder von Heuschnupfen oder Ekzem betroffen.

Die Bronchien asthmatischer Kinder reagieren aber nicht nur auf Allergene, sondern auch auf unspezifische Reize, wie kalte Luft, Abgase und Tabakrauch. Körperliche Belastung, wie zu schnelles Laufen, kann bei Asthmatikern bereits zur Luftnot führen. Infekte senken die Reizschwelle für allergische Reaktionen, so daß Erkältungskrankheiten häufiger zu Bronchitis mit begleitendem Asthma führen.

Daß auch psychische Faktoren beim Bronchialasthma wirksam sind, beobachten die Betroffenen oft selber. Wie es zu dieser Wirkung kommt, wird verständlich, wenn man sich mit der psychosomatischen Bedeutung des Atemholens befaßt. Beim Luftholen wechseln sich Spannung bei der Einatmung und Entspannung bei der Ausatmung ab.

Mit dem Atem ist auch die Stimmbildung eng verbunden. Ohne Luft kann man nicht sprechen oder schreien. Bei der Vorstellung eines unterdrückten Schreis setzt auch die psychologische Deutung des Asthmas an. Danach kann es bei einem Kleinkind zwei widerstrebende Gefühle geben. Es sucht Nähe und Geborgenheit, kann aber seinen Ruf nach der Mutter nicht artikulieren. Zugleich hat es das Bedürfnis, sich von einer zu starken Umklammerung durch die Mutter freizumachen. Sein unterdrückter Schrei kommt aus Ärger und Wut.[51]

Diese widerstrebenden Gefühle, die bei einem Kind zunächst an die Mutter gerichtet sind, werden später zu einem allgemeinen Grundmuster des Lebens. Gelingt es nicht, die widerstrebenden Wünsche nach Nähe einerseits, und Unabhängigkeit andererseits auszugleichen, so heben sie sich gegenseitig auf. Die unterdrückte Äußerung zeigt sich aber in anderer Weise, nämlich als Luftnot.

Diese Form der Äußerung wird auch von der Mutter angenommen, denn jede Mutter eines asthmakranken Kindes ist ängstlich um ihr Kind besorgt. Der Asthmaanfall ist dann so zu verstehen, daß er die Möglichkeit einer zweiten Ebene der Kommunikation zwischen Mutter und Kind erschließt, nachdem das Kind den Eindruck gewonnen hat, daß die Mutter sein eigentliches Anliegen nicht versteht.

Die psychologische Deutung des Asthmas ist sicher kein Schema, das jeden individuellen Fall restlos erklärt. Sie ist eine Betrachtungsweise, die neben anderen, etwa der Ermittlung allergischer Faktoren, sinnvoll ist.

Die Erfahrung zeigt, daß allgemeine Streßfaktoren, beispielsweise Scheidung der Eltern, zum Auftreten von Asthma führen können. Daher sollten unsere psychologischen Kenntnisse zumindest für die seelischen Begleitumstände dieser Krankheit hellhörig machen. Aus dem, was wir über das Asthma wissen, ergeben sich mehrere Ansätze für die Wirkung von autogenem Training:

1. Die allgemeine Muskelentspannung führt zu einer Erweiterung der Bronchialmuskulatur. Die Wirkung ist derjenigen ähnlich, wie man sie mit bronchialerweiternden Medikamenten erzielt.

2. Die Überempfindlichkeit gegenüber bestimmten Auslösern wird herabgesetzt. Hier eignen sich spezielle Formeln, wie »Nase, Rachen, kühl und reizfrei« oder »Ruhig schnaufen, auch beim Laufen«.

3. Die Angst vor einem neuen Anfall wird durch die Erfahrung des Kindes herabgesetzt, daß es das Asthma mit eigenen Mitteln in den Griff bekommen kann. Auf diese Weise kann man einer Zirkelbildung vorbeugen. Denn die Angst vor dem Anfall macht einen neuen Anfall wahrscheinlicher, während Ruhe und Ausgeglichenheit das Kind davor schützen. Auch diese Haltung kann man mit Formeln unterstützen, wie »Ich bin und bleibe ruhig«.

b) Allergischer Schnupfen (Heuschnupfen)

Der allergische Schnupfen ist eine sehr häufige Krankheit. Durch die steigende Zahl von allergieauslösenden Stoffen, sogenannten Allergenen, in unserer Umwelt nimmt die Häufigkeit zu. [52] Die Betroffenen haben eine allergische Disposition, d.h. sie neigen dazu, auf bestimmte Stoffe allergisch zu reagieren. Die Störungen treten aber erst dann auf, wenn eine bestimmte Reizschwelle erreicht ist. Man stellt sich vor, daß sich im Laufe des Lebens die Wirkung von Allergenen addiert, bis es zu einer sichtbaren Reaktion kommt. Allergischer Schnupfen kann später in Asthma übergehen. In der Familie von Heuschnupfenkranken kommen häufig auch Asthma und Ekzem vor.

Nach Kontakt mit einem Allergen treten heftige Niesanfälle auf. Dabei wird eine große Menge von wässrigem Sekret gebildet. Die Nasenschleimhaut ist geschwollen, ebenso wie die Bindehaut der Augen, die auch stark gerötet ist. Ein heftiger Juckreiz im Bereich von Nase, Augen und Mund führen zu allgemeiner Nervosität.

Auslöser für die allergische Reaktion sind nicht nur blühende Gräser, wie es der Name Heuschnupfen andeutet. Ganz allgemein können Pollen eine allergische Reaktion auslösen. Die Beschwerden sind dann an das jahreszeitliche Auftreten bestimmter Pollenarten gebunden. Außerdem können Tierhaare, Hausstaub und Bettfedern allergischen Schnupfen hervorrufen. Die Allergene sind also dieselben wie beim Asthma. Ist die allergische Reaktion erst einmal in Gang gekommen, so wirken auch unspezifische Auslöser, etwa Staub, Sonnenlicht oder Haarwaschmittel.

Ähnlich wie beim Asthma kann es beim Heuschnupfen zur Zirkelbildung kommen. In bestimmten Situationen erwartet der Betroffene einfach, daß es zum Niesen oder Jucken kommen müsse. Es kann dann sein, daß bereits die Betrachtung eines Bildes mit einer blühenden Wiese im Winter ein heftiges Kribbeln in der Nase auslöst.

Je nachdem, wie stabil der Allgemeinzustand ist, wird die Toleranz gegenüber Allergenen mehr oder weniger groß sein. So treten bei einem beginnenden Infekt häufiger allergische Reaktionen auf. Kommen zu den Allergenen noch andere Ereignisse hinzu, auf die der Patient allergisch reagiert, die ihn »jucken« oder »kratzen«, so wird die Bereitschaft zu allergischen Reaktionen noch weiter verstärkt.

Auch beim allergischen Schnupfen ergeben sich verschiedene Ansatzpunkte für die Wirkung des autogenen Trainings:

1. Die Schwereübung führt zu einem Abschwellen der Nasenschleimhaut. Diese Wirkung kann man sich auch bei gewöhnlichem Schnupfen zunutze machen.

2. Durch eine besondere Formel können die Schleimhäute kühl gestellt und der allgemeine Reizzustand gebessert werden. Bei Heuschnupfen hilft es schon, einen feuchten kalten Lappen auf das Gesicht zu legen oder kaltes Mineralwasser zu trinken. Ähnliches erreicht man mit der Formel: »Nase kühl und reizfrei« oder »Kribbeln gleichgültig – Ruhe wichtig«.

3. Der allgemeine Reizzustand ist beeinflußbar, wobei man bewußt offenläßt, ob man körperliche oder seelische Reizauslöser oder beide zusammen meint. Als Formel bietet sich an: »Ich bin immer ruhig und reizfrei, auch... (im Sommer, bei Tieren, draußen usw.)«.

c) Ekzem (Neurodermitis)

Das Ekzem gehört wie Asthma bronchiale und allergischer Schnupfen zu dem Kreis der allergischen Erkrankungen. Es kommt bei drei bis vier Prozent aller Kinder vor.[53] Während das Asthma sich an der Schleimhaut und Muskulatur der Bronchien äußert und der allergische Schnupfen an den Schleimhäuten von Nase, Auge und Mundhöhle, ist beim Ekzem die äußere Haut betroffen.

Es treten endzündliche, rote, heftig juckende Veränderungen im Gesicht, an der Kopfhaut und im Bereich der Gelenkbeugen (Handgelenk, Knie und Ellenbogengelenk) auf. Die Haut ist sehr trocken und empfindlich. Durch das Kratzen entstehen Risse, die sich infizieren können.

Das Ekzem kann schon im Säuglingsalter auftreten. In vielen Fällen verliert es sich nach dem zehnten Lebensjahr, es kann aber noch bis ins Erwachsenenalter fortbestehen.

In Hauttests findet man oft allergische Reaktionen auf eine Vielzahl von Stoffen. Das muß aber nicht bedeuten, daß diese Stoffe auch tatsächlich bei den Betroffenen die entzündliche Reaktion der Haut auslösen.

Im Vordergrund der Symptome steht der quälende Juckreiz. Anfallsartig, häufig zu einer bestimmten Tageszeit oder im Schlaf, zerkratzen die Betroffenen die entzündeten Stellen. Auch in diesem Fall kommt es zur Zirkelbildung. Auf die Entzündung folgen Jucken und Kratzen, was zu einer erneuten Entzündung führt.

Da das Auftreten der Beschwerden auch stark von psychischen Faktoren beeinflußt wird, lohnt es sich, einige psychosomatische Betrachtungen anzustellen.

Die Haut ist das Grenzorgan zwischen der Außen- und der Innenwelt des Körpers. Sie schützt vor schädlichen Einflüssen von außen und gibt dem Körperinneren zugleich seine Begrenzung. Die Haut ist aber auch ein Sinnesorgan, über das Reize wie Berührung, Temperatur und Schmerz wahrgenommen werden. Entwicklungsgeschichtlich leitet sich die Haut aus demselben Gewebe ab wie das Nervensystem. Das erklärt die enge Beziehung zwischen beiden, aber auch den Zusammenhang zwischen der Haut und »den Nerven« im umgangssprachlichen Sinn. Das Organ Haut ist reizbar, und Reizbarkeit drückt sich auch auf der Haut aus.

Von einem robusten Menschen, der wenig Feingefühl hat, sagt man, er habe ein dickes Fell. Läßt jemand jeden Ärger an sich herankommen, so bezeichnet man ihn als dünnhäutig. Kinder mit Ekzem sind meistens sehr sensibel. Sie reagieren fein auf menschliche Veränderungen in ihrer Umgebung. Bei besonderen Anlässen, wie etwa bei einem Fest, auf das sie sich freuen, sind sie vorher besonders aufgeregt, hinterher schlafen sie ganz erschöpft.

Mit zunehmenden Alter verliert sich diese Übersensibilität, da die Kinder und heranwachsenden Jugendlichen besser in der Lage sind, die Gefühle durch den Verstand zu lenken.

Auch hier gibt es, entsprechend dem differenzierten Krankheitsbild, verschiedene Möglichkeiten, das autogene Training anzuwenden:

1. Gegen den Juckreiz helfen Formeln wie »Haut kühl und reizfrei« und »Jucken gleichgültig – Ruhe wichtig«.

2. Bei Kindern mit Ekzem ist es wichtig, die Reizschwelle für alles, was sie erregen kann, heraufzusetzen. Eine allgemeine Stabilisierung wird durch Ruheformeln erreicht, wie »Ich bin ganz ruhig und gelassen« oder »Ich bin und bleibe ruhig«.

d) Kopfschmerzen

Wenn auch nur in fünf bis zehn Prozent der Fälle Kopfschmerzen auf körperliche Ursachen zurückgehen[54], so sollte doch stets beachtet werden, daß Kopfschmerzen bei verschiedenen Krankheitsbildern auftreten können, die einer gezielten fachlichen Behandlung bedürfen. Dazu gehören Kopfschmerzen bei Erkrankungen des Auges oder bei Entzündungen der Nasennebenhöhlen. Die Behandlung von Kopfschmerzen durch das autogene Training ist angezeigt bei Migräne und beim sogenannten Spannungskopfschmerz. In beiden Fällen wird der Schmerz durch sporadisch auftretende Veränderungen in den Blutgefäßen des Gehirns verursacht.

Migräne. Die Migräne ist ein anfallsartig auftretender, sehr heftiger, oft pulsierender Kopfschmerz. Er ist auf eine bestimmte Stelle lokalisiert, beispielsweise die Stirn oder eine Kopfhälfte. Meistens wird der Anfall von Übelkeit und Erbrechen begleitet, so daß der Betroffene wirklich krank ist. Zu Beginn des Anfalls sind die Blutgefäße im Gehirn gegenüber dem Normalzustand verengt, im weiteren Verlauf erweitern sie sich.

Auslöser für einen Migräneanfall sind z. B. Wetterumschwung, starke Sonnenbestrahlung, Kälte oder schlecht gelüftete Räume. Auch starke Anstrengung kann einen Migräneanfall auslösen. Oft tritt die Migräne in jeweils derselben Situation auf, wie etwa vor dem Besuch bei dem von der Familie getrennt lebenden Elternteil. Zuweilen kommt es gehäuft am Wochenende oder überhaupt in der Freizeit zu Migräneanfällen.

Spannungskopfschmerz. Mit Spannungskopfschmerz bezeichnet man »normale« Kopfschmerzen, wenn sie durch keine nachweisbare Krankheit ausgelöst werden und nicht in Form des Migräneanfalls auftreten. Bei dieser Form von Kopfschmerz lassen sich Anfang und Ende der Beschwerden nicht so genau abgrenzen. Der Kopfschmerz ist einfach da – als dumpfer Druck, der sich nicht genau lokalisieren läßt. Auch hier liegt eine Veränderung im Spannungszustand der Blutgefäße im Gehirn vor. Die Auslöser für den Spannungskopfschmerz sind im wesentlichen dieselben wie für die Migräne.

In diesem Zusammenhang sollte auch das Fernsehen nicht unerwähnt bleiben. Jeder Aufenthalt vor dem Bildschirm fördert die Anfälligkeit für Kopfschmerzen. Die Verschmelzung der einzelnen Punkte zu einem Bild ist eine Anstrengung für das Gehirn, die dem Bildschirmbetrachter nicht bewußt wird. Bei Überanstrengung treten Kopfschmerzen, Flimmern vor den Augen und Nervosität auf. Aus diesem Grund sollte die tägliche Zeit vor dem Fernsehgerät begrenzt werden.

Bei Kindern, die unter Migräne leiden, ist nicht selten zu beobachten, daß sie nach außen hin freundlich und anpassungsfähig, im Inneren aber sehr ehrgeizig sind. Das führt wieder zu der Frage, welche psychosomatische Bedeutung der Kopfschmerz hat.

Da sich im Kopf das Gehirn und die Sinnesorgane befinden, ist mit »Kopf« die Vorstellung von geistiger Tätigkeit, Denken und der rationalen Steuerung des Menschen verbunden. Wenn jemand »Köpfchen hat«, ist er besonders schlau. Wer »mit dem Kopf durch die Wand will«, setzt seinen Willen ohne Rücksicht auf Gefühle durch. Verstand und Gefühl geben oft unterschiedliche Impulse. Eine ausgereifte Persönlichkeit kann die entgegengesetzten Strebungen besser miteinander verbinden als ein Kind, dem es noch an Erfahrung fehlt. Migräne tritt oft in Situationen auf, in denen das Kind sich behaupten will, etwa im Zusammenhang mit sportlichen Wettkämpfen oder nach besonderer Anstrengung in der Schule. Auch familiäre Schwierigkeiten, über die sich das Kind den »Kopf zerbricht«, können Kopfschmerzen auslösen.

Das autogene Training gibt hier zwei Ansätze zur Hilfe:

1. Im Zustand allgemeiner Entspannung treten Kopfschmerzen weniger leicht auf. Die Wandspannung der Blutgefäße, und damit auch der Gefäße des Gehirns, normalisiert sich.

2. In der Stirnübung wird ein direkter Bezug zum Kopf hergestellt. Zusätzlich ist es möglich, Formeln anzuwenden, wie: »Kopf kühl und klar« oder »Kopf ist frei«.

e) Funktionelle Bauchschmerzen

Bauchschmerzen sind ein sehr häufig vorkommendes Symptom bei Kindern. Sie können im Zusammenhang mit verschiedenen organischen Erkrankungen vorkommen, z. B. bei einem Magen-Darm-Infekt, einer Blinddarmentzündung, oder einer chronisch entzündlichen Dickdarmerkrankung.

Aber auch Krankheiten außerhalb des Verdauungstrakts, etwa eine Lungenentzündung oder eine Nierenbeckenentzündung, treten zuweilen, vor allem bei jüngeren Kindern, als Bauchschmerzen auf.

Sehr häufig kann man aber bei Bauchschmerzen keinen organischen Grund finden. Man bezeichnet sie dann als funktionelle Beschwerden. Es handelt sich dabei um vorübergehende Verkrampfungen und Fehlfunktionen des Darms. Sie können auch von Durchfall oder Verstopfung, Übelkeit und Erbrechen begleitet sein.

Das Kind empfindet den Bauch als Körper schlechthin. Das läßt sich an den Zeichnungen kleiner Kinder erkennen (vgl. Abb. in Kap. II, 9). Sie stellen den menschlichen Körper hauptsächlich als Bauch dar, an dem sich als Anhängsel der Kopf und die Extremitäten befinden. Da der Bauch im Bewußtsein des Kindes ein so wichtiges Organ ist, erstaunt es nicht, daß Beschwerden in diesem Bereich besonders stark wahrgenommen werden, ja, daß sogar Krankheiten, die sich nur in der Nachbarschaft des Verdauungstraktes abspielen, als Bauchschmerzen empfunden werden. Zwar tritt die besondere Bedeutung des Organs »Bauch« mit zunehmendem Alter des Kindes zurück. Aber auch der Erwachsene reagiert noch bei verschiedenen Krankheiten mit Übelkeit. Ihm »schlagen unangenehme Erlebnisse auf den Magen«.

Die besondere Bedeutung der Verdauungsorgane kann man zunächst damit erklären, daß an ihnen der Säugling die stete Auseinandersetzung mit einem lebensnotwendigen Trieb erlebt. Für die Atmung und den Herzschlag, zwei ebenso unerläßliche Funktionen, braucht der Säugling keine Hilfe von außen.

Die Ernährung ist aber ohne die Hilfe einer Pflegeperson jedoch nicht möglich. Mit der Ernährung und der Sauberkeitserziehung bildet sich zugleich das Verhältnis zwischen Mutter und Kind aus. Die Art und Weise, wie das Kind in dieser Hinsicht versorgt und angeleitet wird, ist eine erste Einführung in die Kultur. Die beiden ersten Phasen in der Entwicklung eines Kindes, die orale und die anale Phase, haben etwas mit der Ernährung und der Ausscheidung zu tun. Da es sich dabei nicht allein um die Befriedigung eines körperlichen Bedürfnisses, sondern zugleich auch immer um eine menschliche Kontaktaufnahme handelt, ist es verständlich, daß viele menschlichen Konflikte sich in Beschwerden der Verdauungsorgange äußern.

Das autogene Training hilft bei funktionellen Bauchschmerzen auf folgende Weise:

1. Die allgemeine Muskelentspannung wirkt sich auch auf die Muskulatur in der Wand der Verdauungsorgane aus. Muskelverspannungen lösen sich.

2. Eine der sechs Übungen des autogenen Trainings bezieht sich auf den Bauch. Mit der Formel »Bauch strömend warm« oder »Bauch ganz warm« wird eine ähnliche Wirkung erzielt wie mit einer Wärmflasche oder einem feuchtwarmen Bauchwickel. Durch die Wärme im Bauchraum stellt sich zugleich ein Gefühl angenehmer Behaglichkeit ein.

f) Rheuma

Rheuma ist eine Krankheit von Erwachsenen wie von Kindern. Bei Kindern gibt es eine akute Form, das rheumatische Fieber, sowie eine chronische Form, die juvenile chronische Arthritis. Von dieser soll hier die Rede sein.

Der chronische Gelenkrheumatismus tritt besonders häufig im Kleinkindalter und um das zehnte Lebensjahr auf. Es werden mehrere Formen unterschieden, je nachdem, ob wenige oder viele Gelenke befallen sind. Es können sowohl große Gelenke betroffen sein wie das Schulter-, Ellenbogen-, Knie- oder Hüftgelenk, als auch kleine Gelenke wie die Finger- und Zehengelenke.

Die eigentliche Ursache des Rheumas ist nicht bekannt. Auf jeden Fall kommt es im Zusammenhang mit der rheumatischen Erkrankung zu Störungen des Immunsystems, die sich mit verschiedenen Tests belegen lassen.

Das eigentliche Krankheitsgeschehen besteht in einer chronischen Entzündung der Gelenkinnenhäute. Dadurch kommt es zur entzündlichen Schwellung und Überwärmung der betroffenen Gelenke. Durch den Entzündungsprozeß werden die Gelenke geschädigt, so daß sie später nicht mehr funktionstüchtig sind.

Das Ziel der Therapie besteht darin, durch Gabe von Medikamenten den Entzündungsprozeß aufzuhalten. Weiterhin ist es wichtig, die Schmerzen zu bekämpfen und durch ständiges Training die Funktionsfähigkeit der Gelenke zu erhalten. Denn wenn ein Gelenk auch nur für kurze Zeit ruhiggestellt wird, kommt es zu Veränderungen an der Gelenkkapsel und an der umgebenden Muskulatur. So können weitere Fehlhaltungen entstehen.

Das erkrankte Kind braucht darum täglich krankengymnastische Übungen. Zusätzlich werden die Gelenke lokal mit Kälte oder Wärme behandelt. Kälte wird im akuten Stadium angewandt, um der entzündlichen Überwärmung und Schwellung entgegenzuwirken. Im entzündungsfreien Intervall hingegen behandelt man die betroffenen Gelenke mit Wärme. Die verbesserte Durchblutung fördert den Abstransport gewebsschädigender Substanzen. Ein erwärmtes Gelenk läßt sich zudem auch besser bewegen.

Das autogene Training kann sowohl die lokale Therapie unterstützen als auch zur allgemeinen Stabilisierung beitragen:

1. Mit Hilfe des autogenen Trainings lassen sich bestimmte Gebiete des Körpers gezielt warm oder kühl stellen. Das ist bereits aus den Grundübungen des autogenen Trainings bekannt. Mit Hilfe der Formel »Rechte Hand ganz warm« oder »Bauch strömend warm« läßt sich gezielt Wärme in die angesprochenen Organe bringen. Bei der Stirnübung wird mit der Formel »Stirn angenehm kühl« das Gefühl von Kühle erzeugt.

   Genauso kann man bei den Gelenken verfahren. Die Formel wird an die Übungen angehängt. Sie kann z. B. lauten: »Ellenbogengelenk angenehm warm« oder »Schultergelenk ganz kühl«. Ist es wegen eines entzündlichen Schubes notwendig, die Gelenke kühl zu stellen, so sollte für diese Zeit auch in der Grundübung die Wärmeübung ganz weggelassen werden.

   Die Frage, ob Wärme oder Kälte angebracht ist, sollte mit dem Arzt besprochen werden. Das Vorgehen muß immer mit der physikalischen Therapie gleichgerichtet sein.

2. Rheumakranke Kinder stehen unter einer erheblichen Belastung. Die tägliche Therapie, häufige Arztbesuche, Schmerzen, das Gefühl, vom normalen Alltag der Kinder ausgeschlossen zu sein und schließ-

lich die Angst, später behindert zu sein, bedrücken das Kind. In dieser Situation braucht es Ermutigung. Denn Mut und Lebensfreude helfen, mit den Schwierigkeiten fertig zu werden und tragen damit zu einem günstigeren Krankheitsverlauf bei. Als Formel eignen sich Sätze wie: »Nur Mut, es wird gut«, »Ich weiß, was ich kann« und »Ich freue mich«.

3. Schmerzen. Wie ein Schmerz empfunden wird, hängt nicht nur von der Stärke des auslösenden Reizes ab, sondern auch von der seelischen Verfassung. Eine interessante Beschäftigung oder Vorfreude lenken von Schmerzen ab, Ärger oder Langeweile verstärken sie. Mit Hilfe des autogenen Trainings lassen sich Schmerzen ebenfalls beeinflussen. Geeignete Formeln sind: »Ich bin und bleibe schmerzfrei«, »Die Schmerzen verschwinden« oder »Schmerzen gleichgültig, Bewegung wichtig«.

g) Chronische Krankheiten

Chronische Krankheiten im Kindesalter stellen ein besonderes Problem dar, denn sie beeinträchtigen die Entwicklungsmöglichkeiten des betroffenen Kindes. Neben den oben angesprochenen rheumatischen Erkrankungen trifft das für den Diabetes mellitus (Zuckerkrankheit), manche Formen von Herzfehlern, für Tumorleiden und chronische Nierenkrankheiten zu.

Neben den spezifischen Folgen der Krankheit leiden

die Kinder an einer Verschlechterung des Allgemeinzustandes, was zu Appetitlosigkeit und Niedergeschlagenheit führt, und – je nach Krankheitsbild – auch zu Schmerzen.

Die größte Beeinträchtigung ist wohl darin zu sehen, daß die Kinder zumindest teilweise an dem normalen Leben ihrer Altersgenossen nicht teilnehmen können. Diätvorschriften und Ausschluß vom Sportunterricht sind für ein Kind deshalb so schwerwiegend, weil diese Maßnahmen auch einen Ausschluß aus der Gemeinschaft bedeuten – oder zumindest so verstanden werden können.

Häufige oder längere Krankenhausaufenthalte führen nicht nur zu Schwierigkeiten, den versäumten Stoff in der Schule nachzuholen, sie reißen das Kind auch aus der Klassengemeinschaft und aus dem Kreis seiner Freunde. Darüber hinaus sind häufige Arztbesuche und Krankenhausaufenthalte auch eine seelische Belastung. Denn sie führen dazu, daß das Kind sich immer wieder mit seiner Krankheit auseinandersetzen muß. Beobachtungen, die es dabei macht, oder zufällig hingeworfene Bemerkungen darüber können Angst auslösen, die es nicht äußert, aber allein auch nicht verarbeiten kann.

Aus diesen Gründen ist bei einer chronischen Krankheit die psychische Führung des Kindes ebenso wichtig wie die krankheitsbezogene Therapie. Die Hilfestellung muß das Ziel haben, das Kind ruhig, hoffnungsvoll und selbstsicher zu machen. Darüber hinaus sollten bestimmte Situationen, die dem Kind Schwierigkeiten machen, z. B. der erste Schultag nach einer längeren

Pause oder etwaige Reaktionen anderer Kinder auf seine Krankheit, besprochen werden. Oft hilft es zu wissen, daß auch andere Kinder nicht alles können.

Bei der seelischen Führung chronisch kranker Kinder kann das autogene Training hilfreich sein. Es gilt, einen Vorsatz zu finden, der die Situation des Kindes möglichst gut trifft.

1. Der Vorsatz kann stabilisierend wirken, wie z. B. »Ich bin und bleibe ruhig« oder »An jedem Ort, zu jeder Zeit, Ruhe und Gelassenheit«.

2. Das autogene Training kann helfen, Schmerzen weniger zu empfinden. »Die Schmerzen verschwinden« oder »Ich bin und bleibe schmerzfrei«.

3. Mit Hilfe des autogenen Trainings lassen sich Verhaltensweisen beeinflussen. »Ich mache mit und bleibe fit«.

8. Störungen des Verhaltens

Den Störungen des Verhaltens liegt in der Regel eine Störung der seelischen Befindlichkeit zugrunde. Solche Störungen sind nur mit besonderen Testmethoden feststellbar. Bei verschiedenen Untersuchungen ließ sich nachweisen, daß Ängstlichkeit, Deprimiertheit und Erregtheit nach Anwendung von autogenem Training bei Kindern und Jugendlichen abnahmen, während sich

Offenheit, Aktivität und allgemeines Wohlbefinden steigerten.[55]

Über diese grundlegenden Wirkungen hinaus ist es möglich, bestimmte Störungen gezielt zu behandeln.

a) Schlafstörungen

Schlafstörungen kommen in drei Varianten vor:

1. *Einschlafstörung*
   Das Kind kann abends nicht zur Ruhe kommen. Es steht immer wieder auf, bald um etwas zu holen, bald um auf die Toilette zu gehen oder das Licht anzumachen.

2. *Durchschlafstörung*
   Das Kind wacht in der Nacht auf und kann nicht wieder einschlafen. Viele Kinder haben die Gewohnheit, nachts aufzustehen, um etwas zu trinken.

3. *Träume*
   Das Kind träumt unruhig, wirft sich im Bett herum und schwitzt. Die Träume haben einen sehr lebhaften, zuweilen bedrohlichen Inhalt, an den sich das Kind auch am Tag noch erinnern kann.

Schlafstörungen sind verwandt mit Störungen der Konzentration. Während es bei den letzteren nicht gelingt, die Gedanken an einem Punkt zu sammeln, bestehen bei der Schlafstörung Schwierigkeiten, die Gedanken loszulassen. Schlafstörungen führen aber auch sehr oft zu Störungen der Konzentration. Denn ausreichender und guter Schlaf ist die Vorbedingung für geistige Leistungsfähigkeit am Tage.

Auf der Suche nach Ursachen müssen zunächst wieder körperliche Faktoren in Betracht gezogen werden. Jede Störung des körperlichen Allgemeinzustandes, sei es das Vorstadium eines Infektes, Fieber oder andere Krankheiten, kann eine Schlafstörung hervorrufen.

Die weitaus häufigsten Gründe liegen aber in einer falschen Verhaltensweise während des Tages oder im Verlauf des Schlafengehens begründet. So tragen Mangel an Bewegung und frischer Luft sowie langes Sitzen vor dem Bildschirm dazu bei, daß ein Kind am Abend nicht einschlafen kann. Allgemein betrachtet ist ein sinnvoll ausgefüllter Tag die beste Voraussetzung für einen guten Schlaf in der Nacht. Weiterhin ist die Zeit am Abend, bevor das Kind ins Bett geht, als Vorbereitung für das Einschlafen wichtig.

Es sollte eine Zeit festgesetzt werden, zu der das Kind in sein Zimmer geht und ebenso ein Zeitpunkt, zu dem es das Licht löschen kann. Das Abendbrotessen, Zähneputzen, aber auch andere Gewohnheiten wie das Hören einer Geschichte oder das Abendgebet geben dem Kind Zeichen, die es auf Ruhe einstimmen. Sie sind eine Art Ritual, das hilft, seelisch in eine bestimmte Verfassung, in diesem Fall in die Haltung des Einschlafens zu kommen.

Im Zusammenhang mit Schlafstörungen ist es wichtig zu wissen, wieviel Schlaf ein Kind braucht. Nach Helbrügge sollten 6 bis 10 Jahre alte Schulkinder zwischen 20.00 Uhr und 21.00 Uhr einschlafen, 11 bis 15 Jahre alte Kinder und Jugendliche eine Stunde später.[56] Sicherlich sind diese Zeiten individuell verschieden; deshalb sollten Eltern ihre Kinder daraufhin beobachten, wieviel Schlaf sie brauchen und danach eine Ordnung festlegen.

Zu einem Zeitpunkt des Einschlafens gehört auch die feste Zeit des Aufwachens, so wie zu einem guten Schlaf auch die Fähigkeit gehört, am nächsten Morgen ausgeruht und frisch zu sein. Das pünktliche Aufstehen läßt sich mit Hilfe der »Kopfuhr« trainieren.[57] Je gleichmäßiger man die Zeiten einhält, desto weniger Schwierigkeiten hat das Kind, am Morgen ausgeschlafen den Tag zu beginnen.

Mit Hilfe des autogenen Trainings lassen sich Schlafstörungen schnell bessern, oft schon nach wenigen Kursstunden:

1. Die Schwereübung ruft einen Zustand hervor, der der »Bettschwere« vergleichbar ist. Beim abendlichen Üben schlafen die Kinder manchmal schon bei der Schwereübung ein. Ausdrücklich sei noch einmal darauf hingewiesen, daß man das autogene Training nicht zurücknimmt, wenn man es vor dem Einschlafen macht.

2. Zusätzlich kann man mit einem Vorsatz auf spezielle Probleme eingehen. »Ich schlafe des Nachts ganz ru-

hig und fest«, »Gut einschlafen, gut aufwachen«, »Einschlafen geht gut«, »Aufwachen um sechs«. Ein Junge, der unter Alpträumen litt, half sich mit der Formel »Ich habe schöne und lustige Träume«.

b) Konzentrationsstörungen

Konzentration ist die Ausrichtung der geistigen Kräfte auf eine bestimmte vorgegebene Aufgabe. Weder ein Erwachsener noch ein Kind können sich über einen langen Zeitraum hin gleichbleibend stark konzentrieren. Es wechseln Phasen stärkerer und weniger starker Konzentration. Nach Eisert beträgt die Dauer einer gleichbleibenden Aufmerksamkeitsleistung bei Schulanfängern zehn Minuten, bei zehnjährigen Kindern 20 Minuten und bei 14jährigen 30 Minuten.[58] Auch diese Zeitangaben sind Richtwerte, sie hängen unter anderem von der Art der Aufgabe, vom Interesse und der Motivation des Kindes ab.

Konzentrationsstörungen gehören zu den häufigsten Schwierigkeiten von Schulkindern. In der Schule wirkt sich das vor allem in den »Konzentrationsfächern« Rechtschreiben und Mathematik aus. Daß hier tatsächlich die Konzentration die Ursache von Fehlleistungen ist und nicht ein ungenügendes Verständnis des Lehrstoffes, kann man an den sehr wechselnden Leistungen der Kinder erkennen. Wenn ein Kind bei Aufgaben, die es vorher ohne Hilfe gut bearbeiten konnte, plötzlich viele Fehler macht, ist anzunehmen, daß es an der fehlenden Konzentration lag. Dabei muß man sich aber klarmachen, daß eine geistige Leistung, sei es in der Schule, sei es im späteren Leben, immer als Ganzes bewertet wird. Die Entschuldigung, daß es an der Konzentration, und nicht an der geistigen Leistungsfähigkeit gelegen habe, mag man für sich persönlich gelten lassen, in Wirklichkeit kann man aber beides nicht voneinander trennen.

Im häuslichen Bereich macht sich das schlechte Konzentrationsvermögen vor allem bei den Hausaufgaben bemerkbar. Das Kind arbeitet langsam und macht viele Fehler. Das führt zu einer unnötigen Verlängerung der Zeit für die Hausaufgaben, so daß das Kind am nächsten Tag von vornherein unlustig an seine Arbeit geht, wodurch die Erfolgschancen erneut verschlechtert werden. Hausaufgaben werden dann zu einer Quelle häuslichen Ärgers, weil ja auch die Eltern und der ganze Familienbetrieb mit einbezogen werden.

Es sind in der Regel leider meist erst die Schwierigkeiten in der Schule, die dazu führen, über die Konzentrationsfähigkeit eines Kindes nachzudenken. Aber Konzentration und Ausdauer sind nicht nur in der Schule wichtig. Auch beim Spielen oder Lesen, bei jeder praktischen Tätigkeit kommt es darauf an, daß das Kind bei seiner Aufgabe verweilen kann und sich nicht ablenken läßt.

Auch bei Störungen der Konzentration sollte zunächst die Frage nach körperlichen Ursachen gestellt werden. Jede körperliche Krankheit, erkannt oder unerkannt, Belastungen durch Wachstum oder die Pubertät können die Konzentration beeinträchtigen. Ebenso kann ein Kind ohne ein ausreichendes Frühstück nicht den Vormittag über leistungfähig bleiben. Wird das Frühstück als gemeinsame Mahlzeit der Familie eingenommen, so läßt sich einfach kontrollieren, ob ein Kind ausreichend gegessen und getrunken hat, bevor es das Haus verläßt. Eine Mahlzeit in der Gemeinschaft gibt zudem auch seelische Kräfte.

Das zweite Frühstück sollte keine großen Mengen von Zucker enthalten, wie das bei fertigen Snacks und Getränken meistens der Fall ist. Denn Zucker führt zu einer schnellen Sättigung, auf die jedoch sehr bald wieder Hunger folgt. Brot, Obst und Gemüse enthalten Kohlenhydrate, die vom Körper langsamer aufgenommen werden als Zucker, dafür aber anhaltend sättigen und das Gehirn mit dem nötigen Traubenzucker versorgen.

Neben körperlichen Ursachen gibt es auch seelische Gründe für Störungen der Konzentration; denn die Konzentration bedarf auch gewisser seelischer Fähigkeiten. Die Ausrichtung der geistigen Kräfte auf eine Aufgabe bedeutet zugleich, daß damit andere Formen der Beschäftigung ausgeschlossen sind. Wenn ein Kind seine Aufmerksamkeit einer Hausaufgabe zuwendet, kann es nicht zugleich andere Dinge tun, die ihm Spaß bereiten.

Konzentration heißt also Verzicht. So, wie ein gewisses Sättigungsgefühl des Magens erforderlich ist, um sich wohl zu fühlen, benötigt das Kind auch ein Sättigungsgefühl in seelischer Hinsicht. Spaß, Anregung,

Überraschung müssen sein, sonst hungert die Seele. In bezug auf das Essen gibt es nun zwei Möglichkeiten: Entweder man sättigt sich richtig bei den Mahlzeiten, oder man nascht ständig kleine Dinge zwischendurch.

Ähnlich ist es im seelischen Bereich. Entweder man zieht seine Befriedigung aus einer größeren zusammenhängenden Tätigkeit oder aus vielen kleinen Einzelaktionen. Spielt ein Kind längere Zeit beispielsweise mit seinem jüngeren Geschwister, baut es ein großes Schiff aus Lego oder hält es beim Monopoly-Spiel durch, so zeigt es damit, daß es auch langweilige Phasen ertragen kann, wie sie bei jeder längeren Tätigkeit vorkommen. Dafür ist aber auch der Erlebniswert groß.

Kann ein Kind sich hingegen nicht auf eine längere zusammenhängende Tätigkeit einlassen, so fehlt diese Befriedigung. Dann versucht das Kind, sie im kleinen zu bekommen, indem es gleichsam »nascht«. So werden kleine Kritzeleien angefangen, ohne daß eine Zeichnung entsteht, Musik läuft bei den Hausaufgaben, ohne daß das Kind wirklich zuhört, oder irgendein Gegenstand wird in Bewegung versetzt. Das geschieht aus dem Bedürfnis heraus, kurzfristig eine geistige Anregung zu bekommen, die auf diese Art nicht lange vorhalten kann.

Betrachtet man die Konzentrationsstörung als die Unfähigkeit, vorübergehend zu verzichten, so wird deutlich, daß die Bedingungen dafür schon lange vor dem Schulalltag gesetzt werden. Der Bereich der Nahrungsaufnahme, der zunächst nur zum Vergleich dienen sollte, ist ein erstes Übungsfeld für das richtige Verhältnis von Verzicht und Befriedigung. Ein Kind, das grundsätzlich gut versorgt ist, braucht nicht ständig zwischendurch kleine Appetithappen, um seine gute Laune aufrecht zu erhalten. Wenn es hungrig ist, kann es bis zur nächsten Mahlzeit warten, und es kann auch einmal essen, was es nicht so gerne mag. Ebenso kann ein Kind, das sich menschlich umsorgt weiß, für die Zeitdauer einer Beschäftigung auf Unterhaltung verzichten. Es ist auch zumutbar, eine Arbeit zu Ende zu führen, die ihm nicht so viel Spaß macht. [59]

Diese Verhaltensweise wird im Kleinkindalter gelernt. Was das Kind sich im Kleinen angewöhnt, überträgt es später auf sein Verhalten in der Schule. Das Fehlverhalten ist zwar später noch korrigierbar. Ein Kind hat es aber leichter, wenn es von vornherein eine Einstellung lernt, die seine Konzentrationsfähigkeit unterstützt.

Bei Konzentrationsstörungen läßt sich die Wirkung des autogenen Trainings wie folgt beschreiben:

Jede Übung des autogenen Trainings, unabhängig davon, zu welchem Zweck man sie macht, ist eine Konzentrationsübung. Das wird schon dadurch deutlich, daß eine vorgeschriebene Haltung (Sitzen oder Liegen) eingenommen wird, die während der Dauer des Übens unverändert bleibt. Dabei werden die Augen geschlossen und das Kind bekommt den Auftrag, an nichts zu denken.

Hier ist die Grundsituation der Konzentration verwirklicht, nämlich die Ausschaltung von Außenreizen und die Ausrichtung auf eine einzige Aufgabe. (Vom

Wortsinn her bedeutet »Konzentrieren« soviel wie: Von allen Seiten auf eine Mitte hinführen).

Gegenstand der Konzentration sind die sechs Grundübungen des autogenen Trainings. Wenn die erste Übung »Rechter Arm ganz schwer« lautet, so hat das Kind nichts anderes zu tun, als intensiv an seinen Arm zu denken und ihn sich ganz schwer vorzustellen. Je besser ihm die Vorstellung gelingt, desto deutlicher fühlt es die Schwere. Die Kinder beobachten oft selbst, daß das Schweregefühl mit nachlassender Konzentration verschwindet, sich aber erneut einstellt, wenn die Gedanken wieder auf die Übung gerichtet werden. So kann man anhand einer einfachen Übung zeigen, welche Wirkung die Konzentration auf eine Tätigkeit hat.

Die Konzentration ist somit Voraussetzung für die Übung, sie wird aber zugleich auch mit jeder Übung trainiert. Dabei ist es wichtig, die Übung nicht länger auszudehnen, als das Kind folgen kann. Es gilt der Grundsatz: Lieber kurz und konzentriert üben, als lang und unkonzentriert.

Zusätzlich kann man noch einen Vorsatz für die spezielle Situation des Kindes finden. Bewährt haben sich die Formeln: »Bin ich konzentriert, geht es wie geschmiert«, »Immer konzentriert sein«, »Nicht ablenken, nachdenken«.

c) Hyperaktivität

Hyperaktivität ist ein übermäßiger Bewegungsdrang des Kindes, verbunden mit der Unfähigkeit, die Aktivitäten geordnet und zielgerichtet auszuführen.[60] Hyperaktive Kinder wollen sich nicht nur ständig fortbewegen, sie übertreiben auch nebensächliche Bewegungen, indem sie sie zu weit ausholend oder mit zu großer Kraft ausführen. Braucht ein Kind zum Beispiel einen Bleistift, den es in der unteren Etage vergessen hat, so wird es ihn normalerweise holen und dann anschließend damit schreiben oder zeichnen. Ein hyperaktives Kind hingegen rutscht in derselben Situation vielleicht erst einmal das Treppengeländer herunter, um unten mit einem lauten Gepolter zu landen. Dann steigt es auf einen Stuhl, um zu sehen, ob sich der Bleistift vielleicht auf dem Schrank befindet. Möglicherweise kippt es dabei mit dem Stuhl um, oder es fällt ihm dabei etwas herunter, was es dann auf dem Boden suchen muß. Auch der Rückweg nach oben wird nicht ohne Komplikationen ablaufen. Entweder bewegt es sich so schnell, daß es ein anderes Kind, das ihm entgegenkommt, übersieht und mit ihm zusammenstößt. Oder es nimmt zwei Stufen auf einmal, rutscht aus und läßt dabei den Bleistift los, der dabei nach unten rollt. Ob die angefangene Zeichnung je beendet wird, ist nach solchen Vorkommnissen fraglich.

Diese Episode aus dem Alltag zeigt einige charakteristische Züge der Hyperaktivität. Trotz der gesteigerten Bewegung im einzelnen bleibt die eigentliche Tätigkeit uneffektiv. Die Bewegung führt zu keinem sinnvollen Ergebnis, im Gegenteil, sie verhindert eine zielgerichtete Betätigung. Hyperaktive Kinder stören andere. Sie sind deshalb nicht beliebt und flüchten sich dann gern in die Rolle des Klassenkaspers.

Hyperaktive Kinder sind stärker unfallgefährdet als andere. Sie handeln impulsiv, ohne einen Handlungsplan. In einer Schulklasse gehören sie zu den Kindern, bei denen man befürchten muß, daß sie unbedacht auf die Straße rennen, ins Wasser fallen oder sich beim Basteln mit einem spitzen Gegenstand verletzen. Da diese Kinder alle Tätigkeiten mit einem Übermaß an Bewegung und an Krafteinsatz ausführen, ziehen sie nicht nur Streitereien mit anderen Kindern und Verletzungen auf sich, es geht auch in ihrer Umgebung häufiger etwas zu Bruch.

Da so viel Bewegungsdrang nicht in sinnvolle Bahnen gelenkt werden kann, neigen die Kinder zu primitiven Bewegungsmustern, wie kippeln, rutschen, klopfen und scharren.

Hyperaktive Kinder reagieren sehr stark auf Außenreize. Sie sind weniger als normale Kinder dazu in der Lage, sich vor Ablenkung zu schützen. Hyperaktivität bedeutet für das betroffene Kind, aber auch für die Familie und die Umgebung eine große Belastung. Aus diesem Grunde ist eine Therapie erforderlich. Zunächst aber sollen einige grundsätzliche Überlegungen zur kindlichen Motorik angestellt werden.

Bewegung gehört zum Leben, und je jünger das Leben ist, desto ungehemmter und ausgiebiger ist der Bewegungsdrang.[61] Im vierten Schwangerschaftsmonat sind Bewegungen des Fetus nachweisbar, zu dieser Zeit ist der Fetus auch in der Lage, über den Tast- und Gleichgewichtssinn die Bewegungen der Mutter wahrzunehmen. Der Fetus zeigt schon ähnliche Bewegungsmuster wie ein Neugeborenes, z. B. strampeln und Daumen lutschen.

Diese Bewegungsmuster sind noch undifferenziert und gleichförmig. Aus ihnen entwickeln sich später differenzierte Bewegungsabläufe. Das Kind lernt, Hand und Finger zu gebrauchen und führt insgesamt seine Bewegungen immer mehr zielgerichtet aus. Fingerspiele, Geschicklichkeitsübungen und vor allem Sport helfen dabei, die Motorik zu entwickeln. Die Kinder betreiben diese Übungen bekanntlich mit großem Eifer, als wüßten sie, daß über die Schulung der Motorik hinaus auch die geistige Entwicklung angeregt wird.

Der Zusammenhang zwischen bewegen und denken wird daran deutlich, daß ein Kind zunächst nach einem Gegenstand greifen muß, bevor es ihn be-greifen kann. Die Entwicklung der Motorik verläuft von der undifferenzierten Bewegung zur differenzierten und von spontanem Bewegungsdrang zu zweckgerichteten und durch Regeln gesteuerten Aktivitäten. Diese Entwicklung verläuft von Anfang an nicht nur spontan, sondern wird von außen unterstützt, aber auch begrenzt.

Schon im Mutterleib bekommt das Kind motorische Anregungen durch die Bewegungen der Mutter. Zugleich wird die Bewegungsmöglichkeit durch die Wand der Gebärmutter eingeengt. Das Kind erfährt Widerstand. Auch im weiteren Verlauf der Entwicklung braucht das Kind sowohl die Anregung zur Bewegung, als auch eine Ordnung und Grenzen.[62] Diese Grenzen können durch einen Laufstall gegeben sein oder durch die helfende Hand, die das Kind beim Laufen hält. Später werden die Grenzen durch Worte und Regeln gesetzt.

Es ist wichtig zu erkennen, daß man auch bei der Bewegung Maß halten muß. Nicht erst, wenn die Gefahr droht, daß das Kind vor ein Auto läuft, muß sein Bewegungsdrang gezügelt werden. Während es vielleicht ein Fehler vergangener Generationen war, den Bewegungsdrang des Kindes zu sehr einzuengen, besteht heute oft die Neigung zu einer zu großen Freizügigkeit. Daher fehlt im Alltag das Training, das auf allen Gebieten eigentlich dazu führen sollte, seine Kräfte mit Bedacht, zielbewußt und ökonomisch einzusetzen. Heutige Erziehungsmethoden haben zuweilen die Tendenz, Hyperaktivität hervorzurufen oder zu verstärken.

Die Therapie der Hyperaktivität muß zwei Ziele haben:

1. Eine Verminderung des Bewegungsdranges und das Erreichen eines altersgemäßen motorischen Verhaltens.

2. Die Förderung der Konzentrationsfähigkeit und des Selbstbewußtseins des gestörten Kindes. In vielen Fällen bessert sich die Hyperaktivität jenseits des zehnten Lebensjahres. Darum ist es wichtig, zu ver-

meiden, daß das Kind noch über dieses Alter hinaus an den indirekten Folgen zu leiden hat, nämlich Schulschwierigkeiten und einer Außenseiterrolle.

Die Wirkung des autogenen Trainings. Ähnlich wie bei der Konzentrationsstörung ist jede Übung des autogenen Trainings an sich schon eine Hilfe bei Hyperaktivität. Vor allem die Schwereübung, die zur Entspannung der Skelettmuskulatur führt, ist für die betroffenen Kinder nützlich. Das autogene Training leitet dazu an, in sich hineinzuhören und den eigenen Körper wahrzunehmen. Dabei wird zugleich geübt, die Schwelle für von außen kommende Störungen anzuheben.

Die Übung sollte von der Länge her so bemessen sein, daß das Kind sie mit etwas gutem Willen durchhalten kann. Auf keinen Fall darf es dazu kommen, daß das Kind während der Übung unruhig wird oder herumkaspert. Im Gegenteil, es soll sich selbst bei der Übung ernst nehmen und einen Erfolg spüren.

Hyperaktive Kinder sind trotz der zur Schau gestellten Lebhaftigkeit oft müde und überreizt, zum Teil auch deshalb, weil sie nachts schlecht schlafen. Das führt wiederum zu einer Steigerung der motorischen Unruhe, so daß – wie bei vielen der beschriebenen Störungen – ein Circulus vitiosus entsteht. Da jede Übung des autogenen Trainings zu einer Erholung führt, unterbricht sie diesen Kreislauf. Das Kind ist danach ruhiger und umgänglicher.

Zusätzlich zu der Übung helfen Vorsätze wie »Ich bin still, weil ich es will« oder »Ich bin und bleibe ruhig«.

d) Wahrnehmungsstörungen

Eine Reihe von Störungen ist dadurch bedingt, daß Sinneseindrücke vom Gehirn nicht richtig verarbeitet werden. So ist ein Kind mit einer »zentralen Hörstörung« schwerhörig – trotz voll funktionsfähiger Ohren. Obwohl es mit Hilfe seiner Sinnesorgane Laute wahrnehmen kann, hat es Schwierigkeiten, sie in ihrer Bedeutung als Wort zu verstehen. Wendet man sich einem Kind alleine zu und unterstreicht seine Worte mit Gesten, so ist eine Verständigung möglich. In einem Gewirr von Stimmen kann sich das Kind nicht zurechtfinden, weil es wichtige von unwichtigen Sinneseindrücken nicht unterscheiden kann. Diese Fähigkeit nimmt bei Ermüdung noch weiter ab.

Ähnliche Störungen gibt es im Bereich des Sehens und der Tastempfindung. Auch in diesem Fall werden Sinneseindrücke aufgenommen, aber nicht so verarbeitet, daß sie die nötigen Informationen liefern.

Wahrnehmungsstörungen werden meistens erst entdeckt, wenn das Kind komplizierte Leistungen unter Zusammenwirken der verschiedenen Sinne erbringen soll. Das ist in der Schule der Fall. Bei Legasthenikern können Wahrnehmungsstörungen aus verschiedenen Bereichen mitwirken, da zum Erfassen des gehörten und des geschriebenen Wortes neben Leistungen des Sehens und des Hörens beim Schreiben auch solche des Bewegungssinnes erforderlich sind.

Wahrnehmungsstörungen bedürfen einer Diagnostik und einer gezielten Therapie. Die Therapie hat die Aufgabe, weniger gut ausgebildete Funktionen zu trainieren und damit nachreifen zu lassen.

Das autogene Training kann als Konzentrationsübung die Bedingungen des Trainings verbessern. Schon das gesunde Kind bringt bessere Leistungen, wenn es ausgeruht ist. Um so mehr gilt dies für wahrnehmungsgestörte Kinder, die schon für Alltagsleistungen eine hohe Konzentration aufbringen müssen. Das autogene Training kann auch dazu eingesetzt werden, die Motivation des Kindes für die Therapie zu verbessern und zu einer entspannten Arbeitshaltung zu kommen.[63]

e) Stottern

Beim Stottern handelt es sich um eine Störung des Redeflusses. Der vorgefaßte Gedanke kann nicht in eine gleichmäßige Tätigkeit des Sprechorgans umgesetzt werden.

Das Stottern kann als eine Variante der normalen Sprechentwicklung im dritten und vierten Lebensjahr auftreten. Wenn es nicht durch eine falsche Reaktion der Umgebung verfestigt wird, verschwindet es von selbst.

Erst Stottern vom Beginn des Schulalters ab wird im engeren Sinn als Störung aufgefaßt. Jungen sind viermal häufiger betroffen als Mädchen.

Beim Stottern werden Einzellaute und Silben mehrfach wiederholt, vor allem Anfangslaute und besonders bei langen Wörtern. Eine andere Form des Stotterns zeigt sich in einer Sprachverzögerung am Anfang eines Satzes oder Wortes, so als könne der Stotterer den Laut nicht herauspressen.

Der Stotterer leidet unter seiner Störung, die bei jeder Begegnung mit anderen Menschen sofort deutlich wird. Oft muß ein Kind zusätzlich zu dem Nachteil, sich nicht richtig äußern zu können, auch noch die Hänseleien anderer Kinder ertragen.

Das Stottern kann verschiedene Ursachen haben, die auch zusammentreffen können. Es kann sich um eine Funktionsstörung des Gehirns handeln, die durch Krankheit oder Unfall ausgelöst wurde. In vielen Fällen tritt das Stottern in einer Konfliktsituation auf. Schließlich kann es eine Angewohnheit sein, die dadurch entsteht, daß die Eltern in der Phase des kleinkindlichen Stotterns ihr Kind auf seinen Fehler aufmerksam machen und versuchen, das Stottern zu unterdrücken. In vielen Fällen ist auch eine familiäre Neigung zum Stottern vorhanden.

Da sehr viele Ursachen möglich sind, ist eine ausführliche Diagnostik immer anzuraten. Neben logopädischen und psychologischen Maßnahmen ist auch das autogene Training sinnvoll.

1. Das autogene Training, vor allem die Atemübung, fördert das Gefühl für rhythmische Abläufe. Da das Sprechen ein rhythmischer Vorgang ist, fördert besonders die Atemübung einen ungestörten Redefluß.

2. Das autogene Training wirkt entspannend. Ein stotterndes Kind ist immer auch verkrampft, wodurch seine Sprechstörung wiederum verstärkt wird. Das autogene Training hilft, die Unbefangenheit beim Sprechen wiederzugewinnen.

3. Das autogene Training stabilisiert die Persönlichkeit. Wenn es gelingt, das Kind zu mehr Selbstvertrauen zu führen, bessert sich das Stottern oft von selbst. Folgende Vorsätze kommen in Frage: »Beim Sprechen bin ich ruhig«, »Erst denken, dann sprechen«, »Sprechen ist schön, mich kann jeder verstehn« und »Jedes Wort kommt sofort«.

f) Bettnässen

Die Fähigkeit, auch im Schlaf die Blase zu kontrollieren, erwirbt ein Kind erst nach und nach. Wie bei allen Entwicklungsvorgängen ist es auch hier nur möglich, einen ungefähren Zeitraum anzugeben, in welchem diese Fähigkeit zur Kontrolle erworben sein sollte. Eine Mutter erwartet, daß ihr Kind etwa mit drei Jahren »trocken« ist. Einer Erhebung zufolge sind fünfjährige Kinder zu 89 Prozent nachts trocken.[64] Erst nach diesem Zeitpunkt kann man von einer behandlungsbedürftigen Störung sprechen.

Zunächst sollten beim Bettnässen organische Ursachen ausgeschlossen werden. Dann ist zu überlegen, ob es im Leben des Kindes bestimmte Ereignisse oder Konfliktsituationen gab oder gibt, die dieses Verhalten begründen.[65] Auch in diesem Fall leiden die betroffenen Kinder unter ihrer Störung, besonders wenn sie älter sind und befürchten müssen, daß andere Kinder davon erfahren.

Vorausgesetzt, daß keine organischen Ursachen vorliegen, hat die Therapie das Ziel, daß das Kind aufwacht, sobald es Harndrang verspürt. Das nächtliche Bettnässen erfolgt nämlich während des Tiefschlafs, aus welchem das Kind nur sehr schwer zu wecken ist. Es ist wichtig, den Kindern klarzumachen, daß nicht das Wasserlassen unterdrückt werden soll, sondern daß es darum geht, ein Gefühl dafür zu bekommen, daß die Blase gefüllt ist.

Da Vorsätze auch im Schlaf wirksam sind, kann man mit Hilfe einer Formel eine Besserung erreichen. Mögliche Formulierungen sind: »Das Bett bleibt trocken«, »Bei voller Blase – aufwachen«.

9. Autogenes Training mit gesunden Kindern und Jugendlichen

Das autogene Training hilft, viele Störungen zu bessern oder zu beseitigen. Der Grund, warum überhaupt nach dem autogenen Training gefragt wird, ist in den meisten Fällen das Vorliegen einer solchen Störung.

Es könnte aber der Eindruck entstehen, als sei eine Krankheit oder Störung die Voraussetzung für eine sinnvolle Anwendung des autogenen Trainings. Das autogene Training ist aber eine Methode, die nicht nur bei kranken, sondern auch bei gesunden Menschen wertvoll ist.[66]

Bei Erwachsenen wird das Hauptinteresse darin liegen, das autogene Training als Streßprophylaxe anzuwenden oder eine Leistungssteigerung im Hinblick auf ganz bestimmte Ziele zu erreichen. So wird das autogene Training beim Leistungssport angewandt oder als Gedächtnistraining vor einer Prüfung.

Der spezifische Wert des autogenen Trainings für Kinder und Jugendliche besteht darin, daß es die Eigenständigkeit fördert.

Das Streben nach Autonomie durchzieht die Entwicklung des Kindes vom Trotzalter bis zu den Konflikten der Pubertät. Das Problem auf seiten des Kindes besteht in dem Mißverhältnis zwischen seinem Anspruch auf Eigenständigkeit und seinen tatsächlichen Fähigkeiten. Die Eltern machen oft den Fehler, daß sie sich in ihrer Einschätzung mehr von der Unvollkommenheit des Kindes leiten lassen als von seinen altersgemäßen Möglichkeiten und Fähigkeiten – kurz, sie trauen dem Kind zu wenig zu. Das autogene Training vermittelt die Fähigkeit, über die eigenen körperlichen und seelischen Kräfte freier zu verfügen.

Kinder freuen sich über jeden Zuwachs an Autonomie. Das autogene Training können sie nur aus eigener Kraft und für sich selbst lernen: Dies kommt ihrem Bedürfnis entgegen, aus sich heraus ihre Persönlichkeit zu entfalten und nicht in Abhängigkeit von den Eltern. Das autogene Training bringt die Kinder jedoch nicht in Konflikt zu den Eltern, wie es bei manchen anderen Methoden des Selbständigwerdens der Fall ist. Denn es kann Eltern nur recht sein, wenn ihre Kinder lästige Störungen abbauen und bewußter und planvoller handeln.

Darüber hinaus bietet das autogene Training eine Grunderfahrung des Lernens. Das Lernen ist aber ein Merkmal des Kindseins und des Menschseins überhaupt. Was das Kind im autogenen Training über das Lernen erfährt, kann es später auf die unterschiedlichsten Lernsituationen übertragen, vor die es einmal gestellt werden wird. Keiner von uns kann wissen, welchen Situationen er im Laufe seines Lebens noch gegenüberstehen wird.

Unsere historischen Erfahrungen und der Blick auf die sich vor unseren Augen wandelnde Welt zeigen, daß heute niemand damit rechnen kann, daß sein Leben auf der einmal eingeschlagenen Bahn geradlinig weiterverläuft.

Eltern und Erzieher haben die Aufgabe, das Kind für die Fahrt durch das Meer des Lebens vorzubereiten. Das autogene Training ist nicht der Sinn, auch nicht das Ziel der Fahrt. Dies muß jeder für sich selbst bestimmen. Eltern und Erzieher mögen eine Richtung aufzeigen, zur Festlegung des Ziels sind sie nicht befugt. Das autogene Training stärkt und fördert die seelischen Kräfte, die neben Sachverstand und technischem Können nötig sind, um die Stürme und Flauten des Lebens zu meistern.

In diesem Sinne ist das autogene Training nicht nur ein Beitrag zur Therapie. Es unterstützt auch die Erziehung zu einem Menschen, der sein Leben selbst zu gestalten lernt.

Anmerkungen

1 1884–1970; von 1924 an in Berlin als Neurologe tätig. Direktor des Berliner Instituts für Psychotherapie.

2 Vgl. J. H. Schultz, *Übungsheft für das autogene Training*, Stuttgart 1964, S. 10f.

3 Vgl. Stetter, F. und K. Mann, »Autogenes Training«, *Dt. Ärzteblatt*, 89 (1992), S. 1245–1246.

4 Auf die Gefahr des mißbräuchlichen Umgangs mit dem autogenen Training durch unzureichend ausgebildete Therapeuten weisen Beitel und Kröner hin: Beitel, E. und B. Kröner, »Veränderungen des Selbstkonzepts durch Autogenes Training«, *Zeitschrift für Klinische Pyschologie*, 11 (1982), S. 1–15.

5 Vgl. J. H. Schultz, *Das Autogene Training*, Stuttgart 1970, S. 176.

6 Die Entdeckung der medizinischen Besonderheiten des Kindes gegenüber dem Erwachsenen, und die Entdeckung und Beschreibung von spezifischen Kinderkrankheiten ist überhaupt noch kaum älter als 100 Jahre. Vgl. die Gründung der deutschen Gesellschaft für Kinderheilkunde im Jahre 1883.

7 Vgl., Stetter und Mann, a. a. O., sowie die dort angegebenen Nachweise.

8 Dem Sprichwort »Was Hänschen nicht lernt, lernt Hans nimmermehr«, liegt diese Einsicht zugrunde. Die Grundregeln des sozialen Verhaltens müssen im Kindesalter erlernt werden, oder sie werden niemals wirklich beherrscht.

9 1825–1893; seit 1882 Direktor der Pariser Nervenklinik »Salpêtrière«. Charcot gilt als einer der Urheber der Psychotherapie. Eine Beschreibung seiner wohl recht schwierigen Persönlichkeit und seines Wirkens an der »Salpêtrière« findet sich in Axel Munthes Bestseller »Das Buch von San Michele« (Kap. 18 und 19).

10 1856–1939; Begründer der Psychoanalyse.

11 Zitiert bei J. Hessing, *Der Fluch des Propheten. Drei Abhandlungen zu Sigmund Freud,* Rheda-Wiedenbrück 1989, S. 247. Vgl. auch Matthäusevangelium 8,8: »Aber sprich nur ein Wort, so wird dein Knecht gesund«; oder in der katholischen Abendmahlsliturgie: »Aber sprich nur ein Wort, so wird meine Seele gesund.«

12 H. Lindemann, *Überleben im Streß*, München 1979, S. 14.

13 Vgl. H. Lindemann, *Allein über den Ozean*, Hamburg 1979.

14 a. a. O., S. 112 u. 125.

15 Diese Reise hat Lindemann eine Erwähnung im *Guiness-Buch der Rekorde* eingetragen; sie hatte weder Vorgänger noch Nachahmer.

16 Wenn nur die wenigsten, die einen Selbstmordversuch überlebt haben, diesen wiederholen, liegt wohl der Schluß nahe, daß meist nicht äußere und zwingende Gründe zu dem Selbstmordversuch geführt hatten, sondern daß vielmehr eine seelische Selbstaufgabe zu diesem Entschluß führte.

17 G. Biermann, *Autogenes Training mit Kindern und Jugendlichen*, Müchen/Basel 1975, S. 68. Hohenauer beschreibt ähnlich beeindruckend Erfolge bei Kindern mit Colitis ulcerosa und Ulkus: Hohenauer, L. »Beobachtungen zum autogenen Training im Kindesalter«, *Wiener Klinische Wochenschrift*, 78 (1966), S. 1–3.

18 B. Hoffmann, *Handbuch des autogenen Trainings*, München

1977, S. 237. Binswanger gibt eine Temperaturerhöhung von 0,5 bis 1,1 Grad Celsius an: Binswanger, H., »Beobachtung an entspannten und versenkten Versuchspersonen«, *Der Nervenarzt*, 2 (1929), S. 193–207.

19 Vgl. M. E. Carruthers, »Die kardioprotektive Wirkung des Autogenen Training«, *Zeitschrift f. Allgemeinmedizin*, 64 (1988), S. 575–571.

20 Diese werden daher in einem auf das Schuldprinzip gegründeten Strafrecht deutlich milder geahndet als »kaltblütige« Straftaten, vgl. Mord (§ 211 StGB: lebenslänglich) und Totschlag (§ 212 StGB: Freiheitsstrafe von einem halben Jahr bis maximal 15 Jahren).

21 Die Erziehung versucht, die Affekte bei Kindern zu unterbinden; vgl. Landauer, Theorie der Affekte, S. 59.

22 Vgl. Hoffmann, a. a. O., S. 54 ff.

23 Schultz, *Das Autogene Training*, S. 12.

24 Hoffmann, a. a. O., S. 57.

25 Hier liegt vielleicht der tragische Aspekt unserer Zivilisation, in welcher viele viel Freizeit haben: Die in vielerlei Richtungen zerstreute Suche nach Ausfüllung der freien Zeit, die Sorge, irgendwo irgendwie etwas zu versäumen, kann zur seelischen Belastung und sogar zu seelischen Schäden führen.

26 Vgl. Gross, Was erlebt ein Kind im Mutterleib? Freiburg 1982, S. 47 ff.

27 Dieses ist vielleicht der Grund dafür, daß ein Kind gerne schaukelt und je älter es wird, desto weniger Spaß daran findet.

28 Vgl. die stets gleiche Haltung auf Buddhastatuen im sog. »Lotussitz«.

29 Störungen bei der Verarbeitung oder Verknüpfung von Sinneseindrücken.

30 Für das Joga wird gesagt: »Stetigkeit in der Haltung gibt auch dem Körper Stetigkeit, und somit auch dem Gemüt.« Singh, *Die Krone des Lebens*, München 1974, S. 44.

31 Vgl. Schultz, *Das Autogene Training*, S. 81.

32 a. a. O., S. 42.

33 Das Schweregefühl ist dagegen leichter im Unterarm wahrzunehmen, weil dort die Muskelmasse stärker ist als an der Hand.

34 Vgl. Goethes Gedicht aus dem *West-östlichen Divan*: »Im Atemholen sind zweierlei Gnaden: / Die Luft einziehn, sich ihrer entladen. / Jenes bedrängt, dieses erfrischt; / So wunderbar ist das Leben gemischt. / Du danke Gott, wenn er dich preßt, / Und dank' ihm, wenn er dich wieder entläßt.«

35 Ähnlich ist es in der Erziehung, wenn es zum Machtkampf zwischen Eltern und Kind kommt. Kinder kann man nicht zwingen, man muß sie gewinnen. Vgl. Dreikurs u. Soltz, *Kinder fordern uns heraus*, Stuttgart 1991, 16. Kapitel.

36 Das Kind kann anhand von Übungsprotokollen selbst kontrollieren, wie weit es sich gemäß dem Vorsatz verhält.

37 Einige Vorsätze sind den zitierten Werken von Kruse und Thomas entnommen.

38 Hans Selye (geb. 1907 in Wien; seit 1934 in Kanada) Grundlegend: *The story of the adaptation syndrome* (1952).

39 Der von Cäsar überlieferte Ausspruch »Laßt dicke Männer um mich sein« beschreibt den umgekehrten Mechanismus: Wer dick ist, »verzehrt« sich nicht durch Streß und Ehrgeiz nach politischem Einfluß usw.

40 Zit. n. von Uexküll (Hg.), *Lehrbuch der Psychosomatischen Medizin*, München 1988, S. 181.

41 a. a. O., S. 182. Es ist hier nicht der Ort, auf die Theorie einzugehen, wonach Krebs, jedenfalls in bestimmte Formen, die verirrte Anpassungsleistung des Körpers auf Dauerbelastungen ist. Vgl. Grossarth-Maticek, *Krankheit als Biographie*, Köln 1979; Hürny bei v. Uexküll (1990), S. 903.

42 Robert Koch (1843–1910); Begründer der medizinischen Bakteriologie. Entdecker u. a. des Milzbrandbazillus, des Choleraerregers und der Tuberkelbakterien.

43 Louis Pasteur (1822–1895); Französischer Chemiker und Bakteriologe. Entwickelte Impfung gegen Milzbrand und Tollwut.

44 1928 entdeckte der englische Biologe Fleming das Penicillin. 1932 stellten Klarer und Mietzsch das erste Sulfonamid künstlich her.

45 Vgl. Herrmann, in v. Uexküll (1988), S. 699.

46 Holtmeier, *Gesunde Ernährung von Kindern und Jugendlichen*, Stuttgart 1986, S. 46.

47 Nach Dreikurs und Soltz (a. a. O., S. 124) muß auch in den Ferien ein, wenn auch geänderter, Zeitplan eingehalten werden. Sonst entsteht bei dem Kind der Eindruck, es sei wünschenswert, von allen Forderungen frei zu sein. Damit aber wird die Aufgabe des Kindes zu lernen, sich zu integrieren und auch zur Schule zu gehen, entwertet.

48 Dem Kind fehlt noch ein objektiver Maßstab. Es ist daher nicht die Leistung als solche entscheidend, sondern die Leistung im Vergleich zum Mitschüler; vgl. K. Lempp, *Familie im Umbruch*, München 1986, S. 115 ff.

49 Schultz, *Das Autogene Training*, a. a. O., S. 388.

50 Vierzig Prozent der Asthma-Erkrankungen werden nicht erkannt. Vgl. *Frankfurter Allgemeine Zeitung* vom 23.6.92.

51 Vgl. v. Uexküll (1988), S. 618.

52 Weltweit, vor allem in industrialisierten Ländern, ist eine Zunahme des Heuschnupfens zu verzeichnen. So stieg in Zürich der Anteil der Erkrankten an der Gesamtbevölkerung von 1958 bis 1986 von 4,8 auf 10 Prozent. Riedel, F.: »Wegbereiter für allergische Atemwegserkrankungen«, *Sozialpädiatrie* (1990) Nr. 12, S. 870–875.

53 Vgl. Riebisch, H., »Diagnostik und Therapie der Neurodermitis in der Praxis«, *Sozialpädiatrie* 10 (1988), S. 809–813.

54 Korinthenberg, R. »Kopfschmerzen bei Kindern«, *pädiatr. praxis* 42 (1991), S. 409–416.

55 Schrapper, D. und F. Mann »Veränderung der Befindlichkeit durch autogenes Training«, *Psychotherapie und medizini-*

sche Psychologie 35 (1985), S. 268–27256 T. Hellbrügge, *Das sollten Eltern heute wissen*, München 1975, S. 68

57 Vgl. Schultz, *Das Autogene Training*, a. a. O., S. 121.

58 Eisert in H. Remschmidt und M. Schmidt (Hg.), *Neuropsychologie des Kindesalters*, Stuttgart 1981, S. 121.

59 »Der Erwerb dauerhafter und zielgerichteter Aufmerksamkeit entsteht durch den gemeinsamen tätigen Umgang zwischen Mutter und Kind, er setzt eine stimulierende und zugleich angstfreie Umwelt voraus, von Seiten der Mutter Zeit, Geduld, Konzentration.« Resch, F. und B. Schuch, »Emotionale Störungen und Leistungsprobleme«, *pädiatr. praxis* 41 (1990/91), S. 5 ff.

60 Vgl. die Figur des »Zappelphilipp« im *Struwelpeter*.

61 »Für Kinder ist der Begriff ›Leben‹ mit dem Begriff der Bewegung eng verbunden. In einem bestimmten Stadium (6–8 J.) wird das Leben mit der Eigenbewegung identifiziert.« J. Piaget, *Das Weltbild des Kindes*, München 1988, S. 178.

62 Nach Schweizer und Prekop ist eine wichtige Ursache der Hyperaktivität die nicht kindgemäße Betreuung eines Kleinkindes. Das Kind wird nicht seinen Bedürfnissen entsprechend »gehalten«. C. Schweizer und J. Prekop, *Was unsere Kinder unruhig macht*, Stuttgart 1991.

63 Warnke weist darauf hin, daß die Einübung einer Bewältigungsstrategie besonders dann wichtig ist, wenn die Lese-/Rechtschreibschwäche nicht hinreichend behoben werden kann. Warnke, A., »Legasthenie. Diagnostik, Therapie und neuere neuropsychologische Befunde zur Ätiologie«, *pädiatr. praxis* 42 (1991), S. 11 ff.

64 Olbing H., »Primäre isolierte Enuresis nocturna«, *pädiatr. praxis*, 36 (1987/88), S. 491 f.

65 Bettnässen ist, ähnlich wie Bauchschmerz oder Eßstörungen, häufig das Zeichen einer Konfliktsituation; vgl. Menzel, K., »Psychosomatische und psychosoziale Aspekte der Enuresis im Kindesalter«, *pädiatr. praxis* 42 (1991), S. 617 f.

66 Vgl. dazu Alberts: »Erstrebenswert wäre jedoch, daß das autogene Training als psychohygienische Maßnahme und Neurosenprophylaxe Bestandteil der normalen Erziehung wird.« Alberts, M., »Autogenes Training mit Kindern und Jugendlichen«, *Praxis der Psychotherapie* 7 (1972), S. 70–76.

Anhang

Anhang I
Die sieben Übungsschritte im autogenen Training
Ein Merkblatt

1. Arm schwer, Bein schwer (kurz: Schwere).

2. Hand warm, Fuß warm (kurz: Wärme).

3. Atem ruhig und regelmäßig.

4. Herz ruhig und gleichmäßig
   oder Herz ruhig und kräfig.

5. Bauch strömend warm.

6. Stirn kühl wie ein Hauch,
   Gesicht locker und entspannt.

7. Vorsatz (dreimal).

Anhang 2

Ich mache Autogenes Training*

nicht vergessen:

2 x tägl. üben!

im Liegen
und
im Sitzen

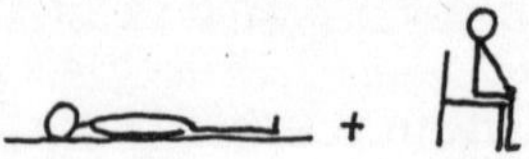

auf die richtige Haltung achten!

nach dem Üben: Zurücknehmen!

1. tief Luft holen
2. Arme fest
3. Augen auf

Ausnahme: wenn ich im Anschluß an die Übung einschlafen will.

Meine Übungszeiten: 1. ______________

2. ______________

* autogen = selbstgemacht, ohne fremde Hilfe

Anhang 3
Muster eines Übungsprotokolls
(Bewertungen werden vom Übenden selbst eingetragen)

Übungsprotokoll vom: 11 Mai bis: 17 Mai

Name: Katharina

Vorsatz: Ich bin still, weil ich es will

Tag:	1. Übung	2. Übung	Vorsatz
Montag	gut	mittel	gut
Dienstag	/	befriedigend	gut
Mittwoch	schlecht ausreichend	Sportfest	nicht konzentriert
Donnerstag			
Freitag			
Sonnabend			
Sonntag			

Auswahlbibliographie

Alberts, M., »Autogenes Training mit Kindern und Jugendlichen«, *Praxis der Psychotherapie* 7 (1962), S. 70–76.

Biermann, G., *Autogenes Training mit Kindern und Jugendlichen*, München / Basel 1975.

Biermann, G., *Die psychosoziale Entwicklung des Kindes in unserer Zeit*, München / Basel 1975.

Binswanger, H. »Beobachtung an entspannnten und versenkten Versuchspersonen«, *Der Nervenarzt* 2 (1929), S. 193–207.

Chertok, L., *Hypnose*, Frankfurt 1986.

Dreikurs, R. und V. Soltz, *Kinder fordern uns heraus*, Stuttgart 1991.

Eberlein, G., *Autogenes Training mit Kindern*, Düsseldorf 1992.

Hessing, J., *Der Fluch des Propheten. Drei Abhandlungen zu Sigmund Freud*, Rheda-Wiedenbrück 1989.
Hoffmann, B., *Handbuch des autogenen Trainings*, München 1977.
Hohenauer, L., »Beobachtungen zum autogenen Training im Kindesalter«, *Wiener Klinische Wochenschrift* 78 (1966), S. 1–3.

Kröner, B. und J. Steinacker, »Autogenes Training bei Kindern: Auswirkung auf verschiedene Persönlichkeitsvariablen«, *Psychotherapie und medizinische Psychologie* 30 (1980), S. 180–184.
Kruse, W., *Einführung in das autogene Training mit Kindern*, Köln 1992.

Landauer, K., *Theorie der Affekte*, Frankfurt / M. 1991.
Lempp, R., *Familie im Umbruch*, München 1986.
Lindemann, H., *Allein über den Ozean*, Hamburg 1979.
Lindemann, H., *Überleben im Streß*, München 1979.

Remschmidt, H. und M. Schmidt (Hg.), *Neuropsychologie des Kindesalters*, Stuttgart 1981.

Schätzgen, E., *Hypnosetherapie*, Köln 1992.
Schulte, F. J. und J. Spranger (Hg.), *Lehrbuch der Kinderheilkunde*, Stuttgart 1985.
Schultz, J. H., *Das Autogene Training*, Stuttgart 1970.

Schultz, J. H., *Übungsheft für das Autogene Training*, Stuttgart 1964.

Schweitzer, C. und J. Prekop, *Was unsere Kinder unruhig macht*, Stuttgart 1991.

Selye, H., *Streß*, München 1988.

Stetter, F. und K. Mann, »Autogenes Training.« *Dt. Ärzteblatt* 89 (1992) S. 1245–1246.

Thomas, K., *Praxis der Selbsthypnose des Autogenen Trainings*, Stuttgart 1976.

v. Uexküll, T. (Hg.), *Lehrbuch der Psychosomatischen Medizin*, München 1988 und 1990.

Glossar

Adaption – Anpassung des Organismus an eine Änderung der äußeren Bedingungen.

Allergen – Stoff, der eine Allergie hervorrufen kann.

Colitis ulcerosa – Entzündliche Erkrankung des Darms.

Diabetes – Zuckerkrankheit; Störung des Kohlehydrat- und Fettstoffwechsels mit Erhöhung des Blutzuckerspiegels.

E E G – Elektroenzephalogramm; Aufzeichnung von elektrischen Spannungsschwankungen, die bei der Gehirntätigkeit entstehen.

Enuresis – Bettnässen, unwillkürliches Harnlassen.

Fixation – Ausrichtung des Blickes auf einen Punkt.

Funktionelle Störung – Körperliche Störung, bei der eine krankhafte Veränderung an Organen nicht nachgewiesen werden kann.

Glucose – Traubenzucker; im Blut vorkommend als Blutzucker bezeichnet, der von allen Zellen zur Deckung des Energiebedarfs benötigt wird.

Hypertonus – Bluthochdruck.

Hypnose – Schlafähnlicher Zustand, der zu therapeutischen Zwecken herbeigeführt werden kann.

Hypophyse – Hirnanhangdrüse, steuert die Tätigkeit verschiedener Hormondrüsen.

Hypotonus – Zu niedriger Blutdruck.

Immunität – Widerstandskraft gegenüber Infekten.

Indikation – Anwendungsbereich einer Behandlungsmethode.

Migräne – Anfallartige Kopfschmerzen, auch mit Begleiterscheinungen wie Übelkeit und Erbrechen.

Morbus Crohn – entzündliche Darmerkrankung.

Orthostatische Beschwerden – Kreislaufstörungen wie Schwindel oder Schwarzwerden vor den Augen, die durch langes Stehen oder schnelles Aufstehen aus dem Liegen auftreten; bei Hypotonus.

Peristaltik – Rhythmische Bewegungen des Verdauungstraktes zur Beförderung der Nahrung.

Physiologisch – Zur normalen Funktion der Organe gehörend.

Psychoanalyse – Verfahren zur Behandlung seelisch bedingter Erkrankungen.

Psychotherapie – Behandlung von körperlichen oder seelischen Störungen mit psychologischen Mitteln (Kommunikation).

REM-Schlaf – Schlafphase, die weniger tief ist und in der Träume auftreten; erkennbar an den Augenbewegungen des Schlafenden (REM = *rapid eye movement*).

Rheuma – Chronische, entzündliche Krankheit, die vor allem die Gelenke betrifft.

Teilleistungsstörung – Auf fehlerhafter Verarbeitung und Verknüpfung von Sinneseindrücken beruhende Störung.

Tic – unwillkürliche, grimassierende Bewegungen der Gesichtsmuskulatur.

Vegetative Organe – Nicht durch den Willen steuerbare Organe wie Magen, Herz oder Gallenblase.

Register

Karin Dörner/Christiane Nebel/Alexander Redlich
Geschichten für gestreßte Kinder
Vorlesegeschichten zum Entspannen und Mutigwerden
Band 4362

Packende Abenteuer- und Alltagsgeschichten: Kinder lernen damit, sich zu entspannen und mutig an ihre Probleme heranzugehen.

Antje Friese/Hans-Jürgen Friese
Aufregen hilft nicht, Mama!
Wie Eltern die großen Probleme ihrer Kinder verstehen und helfen können
Band 4359

Gestörte Verhaltensweisen von Kindern sind oft ein Hinweis auf verborgene Probleme. Eltern sollten lernen, diese zu erkennen und hilfreich darauf einzugehen.

Armin Krenz
Kinderfragen gehen tiefer
Hören und verstehen, was sich hinter Kinderfragen verbirgt
Band 4357

Eltern kommen ihren Kindern näher, wenn sie richtig auf die Fragen ihrer Kinder eingehen können.

Edith-Maria Soremba
Legasthenie muß kein Schicksal sein
Was Eltern tun können, um ihren Kindern zu helfen
Band 4350

Schreib- und Leseschwächen sind häufig die Ursache für Versagen in der Schule. Wie man das angeschlagene Selbstbewußtsein des Kindes aufbauen kann, damit es wieder Spaß am Lernen gewinnt.

Renate Zimmer
Schafft die Stühle ab!
Bewegungsspiele für Kinder
Band 4345

Kinder wollen laufen, springen und toben. Bloß wo? Mit einfachen Veränderungen kann man Wohnungen, Garten und Hof freier und offener gestalten.

HERDER / SPEKTRUM

Eva Zoller
Die kleinen Philosophen
Vom Umgang mit „schwierigen" Kinderfragen
Band 4344

Typische Kinderfragen können einem häufig die Sprache verschlagen. Eva Zoller erschließt den „Großen" neue Möglichkeiten, ihren „Kleinen" zu begegnen.

Gertrud Meyer
Abenteuer Schulanfang
Heute Spielkind – morgen Schulkind
Band 4338

Praktische Tips, wie der „Ernst des Lebens" angstfrei angegangen werden kann.

Johannes Forster
Wenn Kindern die Luft ausgeht
Von Asthma bis Krupp – eine ärztliche Sprechstunde für Eltern und Kinder
Band 4329

Kinder reagieren sensibel auf die Umwelt: Sachkundige und verständliche Information über die wichtigsten Atemwegserkrankungen, erklärt Ursachen und Symptome und zeigt Hilfen auf.

Monika Hoffmann-Kunz
Lieben statt verwöhnen
Kindern Zuneigung schenken und Grenzen setzen
Band 4323

Das Dauerthema: Wie Eltern den richtigen Weg zwischen Liebe und Verwöhnen finden können.

Reinhold Bergler
Warum Kinder Tiere brauchen
Informationen, Ratschläge, Tips
Band 4319

Ein Haustier kann für Kinder viel bedeuten. Daher ist es wichtig zu wissen, welche Tiere für Kinder geeignet sind und worauf es beim Zusammenleben ankommt.

Claudia Gürtler
Freizeit – freie Zeit?
Grundschulkinder und ihre Freizeit
Band 4277

Langeweile: kein Thema! Praktische Tips, wie Eltern mit ihren Kindern die Freizeit sinnvoll gestalten können.

Gunhild Gutschmidt
Single mit Kind
Alleinerziehen – wie es die anderen machen
Band 4276

Erfahrungen alleinerziehender Mütter oder Väter, die ihr Leben mit Kind in die Hand genommen haben – mit Erfolg.

Maria Montessori
Kinder lernen schöpferisch
Die Grundgedanken für den Erziehungsalltag mit Kleinkindern
Band 4262

Vom Kind aus denken! Dieser Ansatz der genialen Pädagogin und Begründerin der Montessori-Schule hilft Eltern, Kinder als eigenständige Individuen zu fördern: Kreativ, neugierig und spielerisch leben sie sich in die Welt ein.

Leo Gehrig
Reden allein genügt nicht
Haltung und Verhalten in der Erziehung
Band 4246

Was tun bei Konflikten mit „den lieben Kleinen"? Beispiele und Anregungen für eine phantasievolle, ehrliche Eltern-Kind-Beziehung.

Roswitha Defersdorf
Ach, so geht das!
Wie Eltern Lernstörungen begegnen können
Band 4243

Damit die Lust am Lernen nicht zum Frust wird: Erprobte Hinweise, wie Eltern ihrem Kind helfen können, Lernblockaden abzubauen.

Daniela Liebich
Mit Kindern richtig reden
Wirksam erzählen, ermahnen, erklären
160 Seiten, Klappenbroschur
ISBN 3-451-26155-3

Diane Komp
Liebe reicht ins Land des Schattens
Welche Hoffnung kranke Kinder schenken – Erfahrungen einer Kinderärztin
128 Seiten, Paperback
ISBN 3-451-23613-3

Gertrud Kaufmann-Huber
Kinder brauchen Rituale
Ein Leitfaden für Eltern und Erziehende
160 Seiten, Paperback
ISBN 3-451-23574-9

Patricia H. Berne/Louis M. Savary
Kinder brauchen Selbstvertrauen
Tips und Ratschläge für Eltern
Aus dem Amerikanischen von Peter Brandenburg
160 Seiten, Paperback
ISBN 3-451-23752-0

Armin Krenz
Was Kinderzeichnungen erzählen
Kinder in ihrer Bildsprache verstehen
mit 8 Farbtafeln
und zahlreichen s/w Abbildungen
192 Seiten, Klappenbroschur
ISBN 3-451-23695-8